U0890261

美妆产品直播带货宝典

陈海涛 著

SPM 南方传媒 | 广东经济出版社

·广州·

图书在版编目（CIP）数据

美妆产品直播带货宝典 / 陈海涛著 . — 广州：广东经济出版社，2023.7
ISBN 978-7-5454-8790-9

Ⅰ. ①美… Ⅱ. ①陈… Ⅲ. ①美容用化妆品—网络营销 Ⅳ. ① F767.9-39

中国国家版本馆 CIP 数据核字（2023）第 071469 号

责任编辑：蒋先润 谢善德 梁雪莹
责任技编：陆俊帆

美妆产品直播带货宝典
MEIZHUANG CHANPIN ZHIBO DAIHUO BAODIAN
出版发行：广东经济出版社（广州市水荫路 11 号 11 ～ 12 楼）
印　　刷：珠海市国彩印刷有限公司
（珠海市金湾区红旗镇永安一路国彩工业园）

开　　本：730 毫米 ×1020 毫米 1/16　　**印　　张**：14.5
版　　次：2023 年 7 月第 1 版　　**印　　次**：2023 年 7 月第 1 次
书　　号：ISBN 978-7-5454-8790-9　　**字　　数**：216 千字
定　　价：48.00 元

发行电话：（020）87393830　　编辑邮箱：286105935@qq.com
广东经济出版社常年法律顾问：胡志海律师　　法务电话：（020）37603025
如发现印装质量问题，请与本社联系，本社负责调换

前言

Preface

美妆产品直播带货，带出美妆产品销售新商机

“只有15000套咯！所有女生，准备好了没有？3、2、1，来咯！卖完啦，那再把所有货全部加给大家。还有2000套！600套……现在是真的没有了。”

仅仅不到30秒，1万多套某品牌护肤品就在李佳琦的直播间内被抢购一空。

不只是在美妆领域，在整个直播电商行业，李佳琦都是颇具影响力的现象级主播，是人尽皆知的“口红一哥”。他创造了许多美妆产品的带货神话，拥有强大的带货能力和为美妆品牌赋能的能力。

2019年，正是在李佳琦一句句“OMG，所有女生，买它买它”的标志性呼声中，直播带货的浪潮席卷而来。

伴随这股热潮，人们发现直播带货不仅可以拓宽品牌的销售渠道，还能拉近同消费者之间的距离，越来越多的美妆品牌和商家开始转型，积极拥抱

直播带货，美妆行业从此迈入了全新维度，“直播+电商”已经成为美妆行业触达消费者的有力抓手。

美妆产品的自然属性与直播电商契合度极高，自然成了直播间热卖的品类之一，也是诸多直播平台和直播新手的首选品类。

飞瓜数据显示：“2021年整个直播行业的GMV（商品交易总额）分布数据中，美妆品类占据了整个直播市场14.7%的份额，在各品类中排名第二。”2021年，仅仅抖音和快手两个平台，美妆产品创造的销售额就已高达870.98亿元。

美妆产品直播带货呈现出极强的爆发性，正在创造一个千亿级的新市场。最早介入美妆直播带货的主播、平台、品牌和商家大多收获了可观的行业红利。

尤其是以李佳琦为代表的头部主播，展现了“恐怖”的创收能力和盈利能力。2022年，广州电商新势力造物节发布了《部分网络主播2021年度净收入排行榜》，其中李佳琦高居榜首，净收入为18.553亿元，第二名辛有志icon的净收入为12.987亿元，第三名冯提莫的净收入为8.553亿元。头部主播的高收入不仅超过了很多影视明星，而且超过了很多上市公司的净利润。

在2021年A股4707家上市公司中，净利润低于18.55亿元的公司有4332家，也就是说，李佳琦的收入已经超过了绝大多数在A股上市的公司的净利润。

在行业利好消息的刺激下，直播电商的生态系统越来越完善，各方参与者纷纷涌入美妆直播电商行业。

直播平台来了！

无论是淘宝、京东、拼多多等传统电商平台，还是抖音、快手等内容平台，包括小红书、蘑菇街等相对小众的种草平台，都开始利用自身优势介入直播电商领域。

各路主播来了！

同直播带货趋势相对应的是短视频平台上关于评测、成分党等美妆垂类专业红人大量崛起，以及皮肤科医生、化妆品工程师、配方师、化妆师等传统职业纷纷入驻抖音、快手平台，向美妆主播的方向转型。与此同时，包括谢霆锋、王祖蓝、陈乔恩、汪涵、汪峰、孙杨、张柏芝等在内的文体、演艺明星也纷纷变身美妆主播，进驻各大美妆品牌的直播间，开启了直播带货之旅。此外，更有大量的腰部、素人主播在为美妆直播电商的生态建设添砖加瓦。

美妆品牌来了！

目前，直播已成了众多美妆企业的营销标配工具，也是美妆品牌方的重要传播销售渠道。通过直播，品牌可以生动直观地展示产品价值，给消费者带来全新的购物体验。从渠道来看，直播间作为线下营销渠道的有力补充，能够充分触达终端消费者；从口碑营造来看，对消费者的长期近距离营销，有利于提升品牌的核心竞争力。

早期，美妆品牌更倾向于同头部主播合作，头部主播可充分为品牌赋能，不仅能提升其销量，也能扩大其品牌影响力。例如，通过李佳琦的赋能，花西子、逐本、LAN兰、完美日记、薇诺娜、珂拉琪等国货品牌在直播间提高了知名度。

直播电商是增量场。现在各大品牌不再过度依赖头部主播带货，品牌自播成了主流。美妆行业的“品牌自播＋达人直播”已经成为常态。例如，欧莱雅的品牌自播已经十分成熟，其天猫直播间粉丝已超过2100万人。在2022年上半年，欧莱雅抖音平台的GMV已突破2.38亿元。

MCN机构来了！

MCN（Multi-Channel Network，网络直播营销主播服务机构，是指培育主播，并为主播开展网络直播营销等活动提供服务的机构）是直播电商生态系统中不容忽视的一股势力。截至2022年8月，我国已拥有超过24000家各类MCN机构。当前，大部分网红主播、明星主播都加入了MCN机构。

消费者也来了！

直播电商的用户群体也在与日俱增，截至2022年6月，我国网络直播用户规模已达7.16亿人，占网民整体的68.1%。其中，直播电商用户规模为4.69亿人，占网民整体的44.6%。在美妆领域，相关数据显示，通过直播被“种草”的消费者已达10.2%。

随着行业不断发展完善，以及各方参与者的不断进场，美妆产品直播带货的竞争变得日渐激烈，直播带货早已不再是“只要一部手机、WiFi和三脚架，再开个美容灯”那么简单，美妆产品直播带货的玩法越来越高级，门槛也越来越高，拼得更多的是专业能力、团队能力、系统能力，是重构“人、货、场”的能力。本书围绕美妆产品直播电商的“人（主播、团队）、货（产品）、场（直播场景）”，从直播平台选择、产品选择、主播选择、吸粉引流、直播筹备、直播全流程、交易促成、售后服务等美妆产品直播带货的各个维度展开论述，分享实战技巧和实操干货，打造美妆产品直播带货一本通。

一本《美妆产品直播带货宝典》在手，深入研读学习再勤加操练之后，即可让你快速成长为美妆产品直播带货领域的高手。

陈海涛

2023年夏

目 录

Contents

第一章

美妆产品+直播：打破时空限制的销售新模式

【本章关键问题】

· 美妆行业有哪些值得关注的发展趋势？

· 直播带货模式是否适合美妆产品？

· 直播电商生态系统有哪些参与者？

· 美妆产品直播带货的操作模式有哪些？

· 直播带货需要遵循哪些行业规则？

1. 美妆行业发展总体趋势

2007年8月27日，国家质检总局发布了《化妆品标识管理规定》，其中对美妆（化妆品）产品的定义是以涂抹、喷、洒或者其他类似方法，散布于人体表面的任何部位，如皮肤、毛发、指（趾）甲、唇齿等，以达到清洁、保养、美容、修饰和改变外观，或者修正人体气味，保持良好状态为目的的化学工业品或精细化工产品。

根据全球知名的信息咨询公司Euromonitor（欧睿）的分类，化妆品是指美容及个人护理品，包括11大子品类：护肤品、护发用品、彩妆品、口腔护理品、沐浴用品、婴孩童专属用品、男士护理品、防晒用品、香水、除臭剂、脱毛用品。

化妆品有多种分类方式，根据其功能效果可分为清洁型、基础型、美容型和疗养型（表1-1）。

表1-1　化妆品分类

类别	功效	品种
清洁型	用来清洗皮肤、毛发	洗面奶、沐浴露、洗发膏、护发剂、剃须膏等
基础型	用于化妆前对面部、头发进行基础护理	面霜、蜜、化妆水、发乳、发胶、面膜等
美容型	用于美化面部及头发	口红、胭脂、眼影、头发烫染、发型处理用品等
疗养型	功能介于药品和化妆品之间的日化用品。成分相对复杂纯正，配方也更加精准高效	美白、防晒、祛斑、祛痘产品等

国人自古以来就追求美，因此，美妆（产业）的历史也相当悠久。1898年，广生行有限公司在香港创立，这是中国第一家现代化民族美妆

（化妆品）企业上海家化的前身。

近代以来，百雀羚、大宝、小护士、羽西、佰草集等国产化妆品品牌相继成立。普通大众开始对护肤化妆有了新的认识，再加上上海滩名媛和影星的示范效应，国产化妆品品牌曾风靡一时。

1949年以后，工业化生产进一步促进了美妆（化妆品）行业的发展，尤其是改革开放以后，我国美妆（化妆品）行业进入快速成长期，人均美妆（化妆品）消费金额由20世纪80年代初的1元提升至90年代初的5元，2000年我国人均美妆（化妆品）消费金额已达到约25元。

进入21世纪，在我国居民可支配收入不断增加、国人对外在形象要求与认知逐渐提高，以及核心消费人群结构发生变化等一系列因素的驱动下，国内化妆品行业的市场规模一直保持着高速而稳健的增长。

2021年，我国美妆行业市场规模为4026亿元（其详细构成见表1-2），比2020年的3400亿元增长了18.41%。同时，我国人均美妆消费金额也从2010年的69.3元快速增长到了2021年的285元。

表1-2　2021年美妆行业市场构成

细分行业	市场规模	（在美妆市场整体规模中的）占比
护肤产品	1820亿元	45.2%
彩妆产品	488亿元	12.1%
洗发产品	485亿元	12.0%
香水产品	342亿元	8.5%
沐浴产品	283亿元	7.0%
护发产品	174亿元	4.3%
其他产品	434亿元	10.8%

2021年，美妆行业在我国社会消费品零售总额占比为1.02%，美妆品类销售额与2020年同比增速为14%，超过了国家市场整体消费的同比增速。

即使在新冠疫情期间，美妆行业仍保持了较高的增长速度和良好的成长空间。

《世界女装日报》预测："中国美妆市场销售额将在2025年超过1万亿元人民币。"

业内人士普遍看好我国美妆行业未来的增长动力，主要是因为普通家庭收入增加、本土品牌不断壮大以及男性美妆用品市场快速增长。

未来，我国美妆市场将呈现如下发展趋势。

第一，市场规模将进一步扩大。

随着我国经济的不断发展，当今社会主要矛盾已经转变成人民日益增长的美好生活需要和不平衡不充分的发展之间的矛盾，美妆产品正好契合消费者的社交需求和尊重需求。

我国的家庭收入水平不断提高、消费能力不断提升，对美妆产品的需求也在扩大。此外，一些美妆品牌在一、二线城市深耕结束之后，又下沉到三、四线城市和农村市场进行开拓，获得了更多持续的正向增长动力。

男性美妆市场也在迅速发展，各大品牌争相入局。"她经济"之外，"他经济"也悄然兴起。此外，"Z世代"消费者将是未来美妆市场的核心消费群体。

因此，美妆产品尽管不是日常生活的必需品，但随着越来越多年轻人"爱美"意识的觉醒以及消费能力的增强，美妆行业的消费市场还有进一步增长的空间。

目前，我国美妆行业的市场规模正快速迈向万亿级。

第二，高端市场需求增长较快。

我国美妆行业历来以大众市场为主，但最近几十年越来越多的国外知名美妆品牌进入我国，给我国美妆市场带来了先进的生产技术、新颖的营销方式以及独特的产品理念和消费理念，推动了相关产业链渐趋成熟完善，而且在一定程度上培育了我国美妆市场的消费者，尤其是带动了高端美妆产品市场的消费热潮。

当前，高端美妆产品市场的增长已呈加速趋势，在美妆产品总体市场的占比不断提升。在人均收入更高、人均美妆品消费水平也更高的我国香港、台湾市场，高端美妆产品市场占比明显高于我国内地，而港台地区人们的肤质和传统习俗都与我国内地相似，因此可以预见，随着我国人均可支配收入的增加，我国高端美妆产品市场的发展空间将越来越大。

第三，护肤品市场为主，彩妆市场加速增长。

美妆产品按市场规模主要分为护肤品、护发品、口腔用品、彩妆等。2020年，以上品类在美妆产品总体市场中的占比分别为51.94%、11.31%、11.47%、5.47%。其中护肤品占比最高，护肤品以面部护理为主。

从数据上看，彩妆占比较低，只有5.47%，但是增速迅猛。彩妆市场的快速增长一方面是由于基数较小、成长空间大，另一方面是由于大量美妆自媒体（如小红书、微博、微信公众号、抖音等）对美妆技术和产品的普及。

目前，80后和90后女性是彩妆的消费主体，她们处于择偶与职业发展的黄金时期，对外表的关注与投入程度较高。彩妆作为能够快速提升面部形象、改善精神状态的产品，其品牌营销也紧跟且推动时尚潮流的发展，契合80后和90后女性的爱美需求，因而得以快速增长。2015—2020年，我国彩妆市场规模的复合增速为18.69%。2021年，我国彩妆行业市场规模已达488亿元，占美妆市场整体规模的比重增加至12.1%。

2. 直播：美妆行业重要的线上销售渠道

美妆产品的销售渠道有很多（表1-3），其中包括CS、KA等专门用于化妆品零售的业内渠道，还包括电视购物等传统线上渠道，也不乏传统电商、微商等线上渠道。

表1-3　美妆产品销售渠道

渠道	详情
CS渠道	CS即Cosmetic Shop，指美妆产品的专营店、专卖店、连锁店。大部分美妆品牌是借助CS渠道发展起来的，比如丝芙兰、屈臣氏、娇兰佳人、橙小橙、唐三彩等。当前，中国市场拥有超过20万家的CS美妆产品门店，CS渠道是最早发展起来的美妆产品销售渠道之一，也是最重要的线下销售渠道，在美妆行业发展中有着举足轻重的地位
KA渠道	KA即Key Account，是指大型卖场（如沃尔玛、家乐福、麦德龙、华润万家等连锁超市）销售渠道，又称为商超渠道。超市的消费者为大众人群，且大多属于随机消费，陈列于超市的美妆产品通常是家喻户晓的大众品牌，经济实惠，平价销售，如巴黎欧莱雅、妮维雅、百雀羚、相宜本草等
百货渠道	百货渠道，即通过大型百货商场销售美妆产品的一种模式。同大型卖场相比，百货商场是相对高消费人群的聚集地，因此，在大型百货商场设立专柜的美妆产品品牌多是国际大牌，如香奈儿、兰蔻、资生堂、雅诗兰黛等，主要集中在一、二线城市的顶尖商场，而实力强大的国产品牌，如自然堂、珀莱雅等，主要分布于普通的大型百货商场
Shopping Mall	Shopping Mall即超级购物中心，是传统百货商店的升级版。有实力的美妆产品品牌会在Shopping Mall开设规模更大、品类更齐全、辨识度更高的专柜或单品牌店
OTC渠道	OTC即Over The Counter，为非处方药渠道，又称为药店渠道。药店渠道在日本、韩国，以及我国香港、台湾地区比较常见，消费者习惯去药店购买美妆产品。目前，国内一些强调功效性的美妆产品，比如护手霜等也开始向药店渠道渗透

（续表）

渠道	详情
直销渠道	直销渠道以产品为核心，以人际关系网为基础，面向终端消费者进行一对一或一对多销售。我国法律规定美妆产品（化妆品）企业要想从事直销活动，必须在中国境内设立自有工厂，还要通过直销企业认证，获取直销牌照。常见的美妆直销品牌有安利、完美、玫琳凯、雅芳、无限极等
专业线渠道	专业线渠道是指美容院、理发店等专门店，该渠道针对特定人群，消费者的购买行为在很大程度上会受美容师、美发师等专业人士的意见影响
电视购物渠道	20世纪90年代是中国电视购物的黄金期，其主要消费群体为大龄女性用户。当前，电视购物的辉煌已经不再有了，且有进一步萎缩的趋势
传统电商	传统电商即线上销售渠道，以淘宝、天猫、京东等线上电商平台为代表。近几年，线上渠道销售的占比越来越高，对线下渠道形成巨大冲击，几乎所有知名的国内外美妆品牌都已入驻线上电商渠道
微商渠道	2011—2012年，随着微信等社交软件的兴起，以朋友圈为基础的C2C（customer to customer）美妆微商模式迅猛发展。2015年前后，由于产品质量问题，加上行业整顿，微商发展陷入低谷，很多微商美妆品牌逐渐消失。不过，危机之后，还是有一些微商品牌转型成功，它们更强调产品质量和用户体验，比如云集就转型成了消费者信赖的微商品牌

2009年，直播电商开始萌芽。2016年，淘宝直播、京东直播先后上线，这一年被称为直播电商的发展元年。

2019年之后，直播电商进入爆发期，毕马威联合阿里研究院发布的《迈向万亿市场的直播电商》报告显示，2019年，直播电商整体市场规模为4338亿元，同比增长210%，在电商市场中的渗透率为4.1%。2020年新冠疫情的到来进一步加速了直播电商的发展。

自直播电商兴起以来，美妆产品一直是直播间的热门品类，不仅捧红了一众达人主播，还撑起了超级头部主播绝大部分的GMV（商品交易总额）。

2018年3月8日，李佳琦在淘宝直播间用了不到6小时，成交了23000单，完成了350余万元的销售额，被誉为“口红一哥”，爆红全网。2019年，李佳琦的带货收入近2亿元，超过了很多大型商业集团。“口红一哥”李佳琦火“出圈”后，先后参加了《快乐大本营》《吐槽大会》等大型火爆综艺节目，频频在大众视线中“刷脸”，商业价值不断攀升。

2020年5月，明星陈赫空降抖音直播间，直播带货4小时，总观看人数超5098万，直播间总销售额达8269.13万元。进入陈赫直播间的有9款美妆产品。其中，韩束红胶囊水光澎润护肤礼盒销售额为1150.74万元、蒂佳婷保湿面膜销售额为844.65万元、花西子空气蜜粉销售额为420.48万元，均位列直播间30余款产品总销售榜单TOP10。另外，高姿防晒喷雾售价99元，销售额达277.34万元；韩束极光钻石面膜售价129元，销售额达260.38万元；欧莱雅男士水能3件套销售额达176.89万元；兰蔻大粉水销售额达106万元；兰蔻小黑瓶精华肌底液销售额达103万元；三谷慕斯沐浴露销售额达81.95万元。

同年5月5日至7日，淘宝直播带货引导成交额超18亿元，销量达1400万件，其中美妆行业中美容护理产品的成交额高速增长，成交额占美妆行业总成交额的60.8%。李佳琦在5月的上海专场中，成交均价为98元的林清轩山茶花润肤油直播6场，销售额达274万元；成交均价为178元的佰草集冻干粉面部精华液直播6场，销售额达231万元；成交均价为99元的自然堂雪域冰肌水直播1场，销售额达184万元。

一家机构做的2020年直播电商行业报告显示，绝大多数消费者的关注点集中于快消品上。比如：淘宝的直播带货类目多种多样，消费者关注的主要有服装、美妆、母婴、美食等；快手、抖音以实用型产品居多，消费者关注的主要有美妆、日用、女装、饮料食品等。

从广义的角度来看，直播已经覆盖了全行业，但总体来说，美妆、服饰、快消品是直播的强势品类，比较受大众欢迎。比起其他产品，美妆个护产品对供应链的要求相对较低，而且利润空间更大。

相关数据显示，2021年，仅抖音和快手两大平台的美妆行业总销售额高达870.98亿元，且品牌集中度较低。

飞瓜数据首席数据分析师张黎用数据证明了美妆产品在直播渠道的发展潜力。她说：“2021年整个直播行业的GMV分布数据中，美妆品类占据了整个直播市场14.7%的份额，在各品类中排名第二。”

直播带货是一种全新的电商模式，它是依托互联网平台，借助直播技术向粉丝近距离实时展示商品、答复咨询、诱导购买的新型销售模式。在直播带货模式下，消费者在直播间下单，商家线下送货，实现了消费者与商品在线见面、消费者与商家不接触式购物，满足了消费者足不出户购物的需求，具有安全、快捷、方便等特点。

美妆产品直播已经成为美妆行业销售的重要渠道，且市场前景广阔。

3. 美妆产品直播电商生态系统

直播电商是指通过互联网以直播的方式销售商品，包括实体商品和虚拟商品。

从底层逻辑来看，直播电商是“直播”与“电商”的复合体，消费者通过在直播间观看主播的演示与推荐来决定是否购买商品，是一种独特的沉浸式购物体验，与传统电商有诸多不同。

从供应链层面来看，直播电商与传统电商有很大的区别。传统电商的供应链模式是先生产产品，后销售。而直播电商则颠覆了这种供应链关系，面对直播间庞大而稳定的需求，直播带货模式可以实现先销售再生产。尤其是知名头部主播，由于存在大量高复购、高转化率的固定粉丝，能够在短时内释放大量订单，因此可以提前将需求信息反馈给上游生产商，以便于生产商进行生产排期，如此以倒推生产周期的方式按市场需求进行生产，能够有效降低生产成本，降低原材料的资金占用和库存风险，进而极大地提高生产效率，提升合作双方的利润率。

经过数年的发展，直播电商的生态系统已经逐渐完善、成熟，形成了一个由主播、平台、消费者、生产商、服务商、MCN机构等多方参与、各司其职的独立生态。直播电商的各参与方通过相互配合、相互合作，共同为消费者提供更好的消费体验，形成一个快速发展、活力十足的电商新生态。

2021年4月，广州市司法局、广州市商务局等联合指导广州市律师协会、广州市直播电子商务行业协会编制了全国首部《网络电商直播常见法律纠纷处理指引》，将网络电商直播涉及的参与主体分为六类，即电商主播、MCN机构、电子商务平台、商家、消费者和网络直播平台。

结合直播电商实践经验，并综合各方划分方式，直播电商生态系统主要包含以下参与者。

（1）电商主播

电商主播是指使用网络直播平台或电子商务平台发布内容，对商品或服务进行介绍、展示、说明或销售的人员。

电商主播按照隶属关系不同，可分为以下三类：

①个人主播，即以个人身份使用网络直播平台进行直播活动的人员。

②商家主播，是与商家建立劳动或劳务关系进行直播活动的人员。

③网络直播平台或MCN机构签约主播，是与平台或MCN机构建立劳动或劳务关系并进行直播活动的人员。

（2）直播电商平台

直播电商平台主要有两种。

第一，电子商务平台。

电子商务平台，即淘宝、京东等传统电商平台。此类平台为了吸引商家入驻开展直播活动，纷纷设立各类直播间。

第二，网络直播平台。

网络直播平台即短视频娱乐平台，比如快手、抖音等，基于原来的娱乐直播平台，通过自建商城或者接入传统电商平台的形式，完成“直播+电商”的转型。

当前，两类平台的功能越来越趋同。一类是电商平台做直播，另一类是直播平台做电商。

平台公司提供的直播平台是直播电商供应链的实现载体，因此，需要很强的政策理解与执行能力，以及功能强大的运行能力。

从目前的行业竞争格局来看，直播电商行业已形成“一超双雄”的局面，简称“三国演义”。

“一超”是指淘宝直播。淘宝直播平台于2016年上线，在2017年推出了“超级IP入淘计划”。2018年淘宝直播被提至手机淘宝首屏。2019年淘宝直播的客户端上线，同时启动“村播计划”和“启明星计划”。2019年，淘宝直播诞生了177个带货超过1亿元的主播。

“双雄”指的是快手和抖音。为了加快直播电商布局，补齐供应链短板，快手、抖音纷纷加快同电商平台合作的步伐，打通商品链接，加速推进直播电商发展。

快手作为短视频内容平台，布局直播电商的起步较早。2016年，快手上线直播功能，2017年开始布局直播带货，2018年推出快手小店，2019年推出快手购物助手小程序并同拼多多展开合作。2020年，快手和京东合作，进一步补齐电商短板。

抖音的直播电商布局稍晚。2017年末，抖音才上线直播功能，2018年初推出购物车功能并开始直播带货。2019年，抖音推出精选好物，接入放心购，同时上线了商品搜索功能。2020年，抖音与苏宁易购合作，发展迅猛。

（3）MCN机构

Multi-Channel Network，即网络直播营销主播服务机构，简称MCN机构，是指培育主播，并为主播开展网络直播营销等活动提供服务的机构。

当前，大部分网红主播、明星主播加入了MCN机构。例如，成立于2017年的MCN机构谦寻文化，就拥有50余名头部主播，覆盖美妆产品、服饰、食品、母婴等品类。成立于2014年的MCN机构美ONE，旗下则拥有包括超级网红主播李佳琦在内的数百位直播达人，通过淘宝、微博及时尚新媒体等渠道实现电商变现。

（4）消费者

消费者是指为满足生活需要，购买或使用经营者提供的商品或服务的人（出自《中华人民共和国消费者权益保护法》第二条）。

直播电商生态中的消费者，既包括传统电商如淘宝、天猫、京东等平台上的用户，也包括抖音、快手等直播平台上的粉丝。相对而言，传统电商平台上的消费者购物的目的更为明确，而直播平台上的消费者多属于随机消费、冲动消费。

（5）商家

商家包括生产商或供货商，生产商即美妆产品的生产方，供货商有可能是厂家，也有可能是批发商或其他供应链商家。通常，生产商或供货商接到主播方的订单申请后，或立即组织生产，或立即组织货源，在规定的时间内将商品发送至直播方的仓库，或直接为直播间的下单用户提供配送服务。

一个主播可能面对若干个生产商/供货商，一个生产商/供货商也可能面对若干个主播，形成相互交织的供应链体系。

（6）仓储商

仓储有两种方式。

一种是主播方自建仓储，由主播组织货源，事先备货，存至仓库，消费者在直播间下单后，由主播方发货并提供售后服务。

另一种是主播不自建仓储系统，也不提前进货，而是将直播间的订单反馈给生产商或供货商（或在直播间直接对接生产商、供货商的线上店铺，比如淘宝、京东、抖音和快手小店），由其提供物流配送和售后服务。

（7）物流公司

我国物流行业已经极为成熟，民营快递公司众多且竞争激烈，对直播电商的供应链主要起到商品的运送和周转作用，以保证货物运输的安全与快速。对于直播电商生态系统而言，物流公司只属于链的物流传递，并不介入链中的生产与经营，仅起到为直播电商的供应链提供保障的作用。

4. 美妆产品直播带货的基本模式

我国电商的发展经历了图文货架、短视频和直播三个阶段。直播电商是电商业态更新迭代的结果，比图文、短视频更加直观、真实，消费者在直播间可以同主播实时互动，得到更佳的购物体验。

按直播带货的实施主题划分，美妆产品直播带货主要有三种模式。

（1）达人模式

达人模式，也称为主播模式，是以主播为主导的美妆产品带货模式。主播首先需要将自己打造为美妆领域的专家、达人，具备深厚的专业认识，对美妆产品了如指掌，在成为美妆领域的消费意见领袖，拥有一定粉丝基础和知名度之后，即可进行直播带货，做特定粉丝群的顾问式导购。因为粉丝对主播的专业知识、人品产生信任、好感之后，才会爱屋及乌，购买主播推荐的产品。

达人模式是“个人IP + 直播带货”的玩法，不以产品为核心，而以主播的个人IP为核心，粉丝先相信达人，再相信达人推荐的产品，比如李佳琦、呗呗兔、陈萬笋、张梦玥等就属于顶级美妆达人。

根据定位不同，可供达人主播选择的带货合作模式主要有以下几种。

第一，直播间出品模式。

直播间出品模式适用于粉丝群体大、带货能力强的头部主播，操作难度大，门槛最高。

具体操作模式为：主播根据粉丝画像和需求，采用ODM或OEM的方式推出专属定制款式，由供应链工厂直接供货，一方面能够确保产品品质，另一方面也能为直播间提供独家货源，更具竞争优势，粉丝对即将上新的主播专属产品也非常期待，其成交的冲动主要来自对主播的信任以及对其选品的认同。

第二，直播间选品模式。

尽管主播没有打造直播间专属产品的能力，但可以凭借自己的选品能力，从各类美妆市场上淘到一些适合直播间销售的产品，自己组织货源，挂到直播间进行销售，并提供售后服务。

第三，基地走播模式。

如果主播没有整合供应链的能力，也不具备前期进货所需资金，只是一名普通主播，那么可以前往美妆产品生产基地、厂家直播基地等进行合作带货，这属于轻资产带货模式，主播不用投入资金进货，也不用担心货源和库存压力，更不用操心售后服务问题。

通常，在基地走播模式下，主播需要提前到直播基地选好货，等基地做好场景搭建，即可开播。

在基地走播模式下，主播会依据自家粉丝的需求来筛选直播产品款式，一场直播往往有多种款式，内容值得期待。与此同时，一般基地的装修和直播设备比较高档，画质比较好，内容辨识度也比较可观。

一般而言，直播基地会安排工作人员协助主播“演双簧”，采用好款惜售的模式，促使粉丝下单。

第四，海外代购模式。

所谓海外代购模式，就是由代购人员在海外将自己逛美妆商店的过程直播给粉丝，现场感很强，是一种体验感非常好的带货模式，适合在海外或经常出国的主播。海外代购模式近年来比较火，但是各种作假的行为也层出不穷。海外代购模式重点是要赢得消费者信任，一是相信主播确实在海外，二是相信主播不会私下调包，以次充好。

（2）店播模式

店播模式是以店铺为主体的直播带货模式。店铺既包括各类线下美妆店铺、专柜、卖场，也包括线上网店（淘宝店铺、京东店铺、拼多多店铺等）。

店播模式起源于淘宝，参与直播带货的商家本身就在淘宝开店，通过直播的方式销售店铺产品，主播通常是店主或店员，主播并没有打造自己的个人IP，直播的产品价格也并不是特别优惠，只是商家通过直播这种方式逐一地介绍店铺的产品，依靠产品本身的特点引起观众的兴趣，从而实现成交。

这种模式的优势在于成本较低，有店铺作背书，能让消费者对商家的产品有一个更直观的认识，更真实的产品介绍也能让消费者对产品充满信心和信任。

淘宝店播的模式也在向线下实体美妆店铺蔓延，线下实体美妆店铺做直播需要选择相应的直播平台，既可以选择淘宝、京东之类的传统电商平台，也可以选择抖音、快手等短视频平台。不过不管是选择哪类直播平台，都需要先开通线上店铺，比如淘宝、京东、快手小店和抖音小店等，将商品上架至线上店铺后，才可以开展直播带货。

（3）品牌自播

品牌自播，即美妆品牌方开展的直播带货。

对一些普通美妆品牌而言，并没有太多的预算去邀请明星、网红和直播达人，也无法分清他们的粉丝是否真实，无法辨别其带货能力的强弱。而且，一些头部主播的高坑位费也为很多美妆商家所诟病，再加上一些主播的带货能力徒有其名，美妆品牌方在付出大量坑位费之后，却成交寥寥。因此，基于以上考虑，越来越多的美妆品牌开始选择培养内部主播，开展品牌自播。

对于实力强大的品牌而言，可以自建直播基地，或者直接在电商平台的品牌旗舰店开展直播。至于主播，既可以选用内部培养的主播，也可以找外部的各类主播（头部、腰部主播）进行合作，以主播组合拳的方式进行直播带货，即时评估各种组合的带货效果，即时做出调整改进，最大化提高主播带货的性价比。

5. 了解直播带货基本行业术语

什么是控评?

什么是坑位费?

什么是CMV?

什么是直播间PV、UV?

什么是纯佣主播?

什么是挂榜电商?

……

与其他领域一样，直播带货行业也有很多专业术语，将这些术语摸清，既能提升专业水平，又能快速入门美妆产品直播带货。

我们整理了一些常用的直播带货术语，便于大家快速入门。

（1）费用类直播术语

表1-4　费用类直播术语

术语	定义
坑位费	坑位费即提供直播产品的商家向电商主播支付的费用。坑位费是固定费用，商家要想产品出现在直播间就要交坑位费，至于商品能否卖出去、卖出多少，主播不打包票。 坑位费取决于主播的粉丝量、影响力和知名度，同时也受直播中出场顺序的影响。一般来说，即便是同一个主播的同场直播，商品坑位费也会不一样，顺序越靠前坑位费越高
佣金	佣金，即销售提成，主播根据直播间商品的销量或销售额向商家收取特定比例的抽成。佣金是独立在坑位费之外的，商家除了要支付坑位费之外，往往还要支付佣金。当然，这两种费用是否都要支付，要具体问题具体分析，不是绝对的

（续表）

术语	定义
纯佣模式	纯佣模式，即电商主播只收取佣金，不再向商家收取坑位费，佣金比例一般较高
定向佣金	所谓定向，即只针对某个、某些主播设定的佣金比例，通常是与商家长期合作的主播或知名主播，定向佣金比例一般高于普通的佣金比例
服务费	商家向直播机构支付的服务费用，一般按直播间商品销售额的一定比例支付
专属利益点	专属利益点是指只属于某个主播的独家赠品、产品价格等
音浪	抖音直播间的虚拟货币，粉丝向主播打赏抖币后，主播会获得收益，这就叫作抖音音浪。音浪可提现，其提现比例为20：1，即20个音浪可兑换1元人民币

（2）主播类术语

表1-5　主播类术语

术语	定义
店铺直播	店铺直播是由店铺（实体店、网店）发起的电商直播
产业带直播	产业带直播是借助线上直播，帮助商户拓展销售渠道，同时缓解地方产能过剩等问题，带动当地经济发展，是地方政府推动企业数字化转型的重要手段
走播	走播，顾名思义，主播“边走边播”，主播前往线下工厂、批发市场、产业基地进行直播，主播可以每天都选择一个品牌来进行串讲直播
档口直播	在线下有实体店的商家在直播带货平台销售产品叫作档口直播

（3）直播间数据类术语

表1-6　直播间数据类术语

术语	定义
ACU	英文Average Concurrent Users的简称，即直播间平均在线人数
GMV	GMV即英文Gross Merchandise Volume的简称，是指一定时间段内的直播间成交总额，也包含拍下未支付订单金额
LTV	英文Life Time Value的简称，即用户终身价值
ROI	英语Return of Investment的缩写，指投资回报率。直播间ROI的计算公式为：ROI=销售额/坑位费。例如，某主播坑位费为5万元，某商品销售额为50万元，则ROI为1000%

（续表）

术语	定义
PCU	英文Peak Concurrent Users的简称，直播间同时在线人数最多的数值
PV/UV	PV即Page View，观看人次；UV即Unique Visitor，观看人数
渗透率	直播间渗透率的计算公式为：直播渗透率=直播产出的销售额/当天总销售额
在线人数	即同一时间点，直播间的在线观看用户人数
人均在线时长	用户在直播间平均停留的时长

（4）直播流量类术语

表1-7　直播流量类术语

术语	定义
淘宝直播浮现权	淘宝直播浮现权是指直播时商家在淘宝直播频道内展示的权限，是淘宝平台为直播间设置的引流入口，获得淘宝直播浮现权可为直播间导入更多的流量
公域流量直播	公域流量直播，即依托第三方平台的直播。商家、企业没有自己的私域流量池，需要借助第三方的流量资源完成直播，当下很多直播都是借助第三方抖音、快手平台，大多数的网红直播、明星直播属于这种直播方式
私域流量直播	所谓私域流量直播，就是企业、品牌已经建立相关的用户链接，或用App、小程序，或用微信群的方式建立了用户链接，形成了基于链接的私域流量池，在这样的基础上，企业进行的基于私域流量池的直播
推流	主播将本地视频源和音频源传输到服务器的一个过程叫作推流

（5）直播互动类术语

表1-8　直播互动类术语

术语	定义
控评	控评又名“空瓶”，用来控制直播间评论区的言论，主播通常会提前设置屏蔽一些负面的关键词，确保直播间的良性互动氛围。同时，管理员要随时关注直播间的新评论，避免出现不和谐的内容，避免被带节奏、破坏直播间氛围
带节奏	带节奏，即直播间控场人员配合主播，在评论区刷评论，起到一个良好的带头作用，引导其他用户积极参与互动，引导用户购买产品
PK/PK连麦	PK/PK连麦，即直播时，主播连线其他熟悉的主播玩互动游戏，有奖有罚，是一种比较常见的直播互动形式，也是一种提升直播间人气的方法

（续表）

术语	定义
助播	助播又称为“副播”，即在直播间配合电商主播的助理，负责补充产品信息点、回答用户问题等工作

（6）直播产品类术语

表1-9 直播产品类术语

术语	定义
引流款	引流款是指用来为直播间导入流量、吸引人气的产品，通常为价格超低的商品，有时价格会低至1元，甚至0元
利润款	利润款是指以盈利为目的的产品，又称为“高价款”，价格高，利润高
标品	标品是指具有统一标准的产品，价格透明，比如手机、电脑、家电等都属于标品
非标品	非标品即没有明确规格和型号的产品，价格差距较大，产品款式、型号、标准、质量不一，比如服装、鞋类、农产品等
客单价	客单价一般指每一个顾客平均购买的价格（也叫作平均交易金额）即： 客单价=GMV/直播间有消费的顾客总数。 一般选择产品时，主播和团队需要根据受众群体的消费力、需求等综合因素考虑客单价
白牌	白牌是相对品牌产品而言的，指一些小厂商、小作坊生产的、没有品牌的产品，农产品多属于此类
C2M	C2M是英语Customer-to-Manufacturer的缩写，指用户指导生产，即根据用户需求来反向决定生产。目前主要有两种模式：一是直播间模式，主播根据丰富的选品经验，以及对粉丝画像及消费行为的洞察，打造适配直播间粉丝的C2M产品；二是平台模式，即通过电商平台将用户端与生产端直连，通过大数据分析，精准获取目标群体的需求，进而确定定制产品
SKU	SKU是英语Stock Keeping Unit的缩写，即库存量单位，是一种库存进出计量的单位，比如件、盒。SKU已经被引申为产品统一编号的简称，每种产品都有唯一的SKU号。对一种商品，当其品牌、型号、配置、等级、颜色、单位、生产日期、保质期、用途、价格、产地等属性与其他商品存在不同时，便可称为一个单品
DSR动态评分	DSR动态评分其实就是店铺动态评分，评分通过宝贝与描述相符、卖家的服务态度、物流服务的质量组合而来，每项店铺评分取连续6个月内所有买家给予评分的算术平均值
品牌专场	品牌专场是指主播同特定品牌合作的直播带货专场，即这场直播只卖该品牌产品
拼场直播	拼场直播是指主播在单场直播里，同时带货多个品牌的产品

（7）平台类术语

表1-10　直播平台类术语

术语	定义
二类电商	二类电商是指依托广告流量做销售的电商平台
巨量鲁班	巨量鲁班是指电商商家通过头条系（今日头条、西瓜视频、抖音等）资源位投放广告，吸引目标用户购买，与买家直接交易的电商模式
MCN	MCN即网红孵化中心，是专门培养和扶持网红达人的经纪公司或者机构
挂榜电商	当商家通过刷礼物，进入主播指定的排名内（比如前三），主播就会与其PK连麦卖货。挂榜电商最早是快手平台上的直播带货玩法，目前抖音也有类似操作
DOU+	DOU+是抖音推出的内容加热工具，用来帮助主播将内容推荐给更多用户
DOU+直播上热门	DOU+服务中的一项，也是抖音为主播提供的直播间加热工具。主播在直播前和直播中均可购买使用，可用来提升直播在推荐页的曝光率，吸引更多流量进入直播间
抖音小店	抖音小店是抖音平台为抖音达人提供的电商变现工具，帮助其拓宽内容变现渠道，类似淘宝店铺的性质。抖音小店开通后，可以在字节跳动系的各种应用中（如今日头条、抖音、火山）等进行关联销售，形成一个闭环
商品橱窗	商品橱窗即抖音的商品分享功能，开通后可在橱窗放置商品出售，粉丝下单后，可以赚取佣金
星图	星图是指品牌主、MCN公司和明星/达人等进行内容交易的服务平台。商家可以根据自身需求，选择契合的明星、网红、达人进行直播带货合作
浮现权	浮现权即主播在"手机淘宝—淘宝直播"频道展示的权限，需要满足一定条件才可获得
保证金	在快手平台开通快手小店或者在其他平台开通商品渠道都需要商家交纳保证金。此外，挂榜电商和主播合作时，也会有部分主播要求交纳保证金
快币	快币即快手平台的虚拟货币，用于粉丝打赏给主播
小黄车	小黄车是指抖音、快手等平台的购物链接。主播在直播间添加售卖商品后，直播间用户会看到"小黄车"，点击可查看并购买商品
快接单	快手官方推出的客户推广需求和达人变现诉求的撮合平台。商家可根据推广需求选择达人，发布直播推广订单。达人接单后，通过直播的形式，帮助客户实现商品销售或品牌营销等目的

6. 了解直播行业规则，进行合规带货

直播电商快速成长的同时，也产生了一些乱象，带来了诸多违规问题和法律问题，如虚假广告、销售伪劣商品、偷逃税等，值得我们警示和反思。

2020年，辛巴团队在直播间销售“糖水燕窝”，涉嫌夸大、虚假宣传，根据《中华人民共和国广告法》第四条、《中华人民共和国反不正当竞争法》第二十条等规定：广告不得含有虚假或者引人误解的内容，不得欺骗、误导消费者，经营者对其商品做虚假宣传的，责令停止违法行为，处二十万元以上一百万元以下的罚款；情节严重的，处一百万元以上二百万元以下的罚款，可以吊销营业执照。

后来，辛巴团队被广州市场监管局罚款90万元，而辛巴所在的快手平台则对其直播账号封号60天，涉事主播封号60天，其余27名辛巴旗下电商主播封号15天，并要求该公司对主播进行相关培训与学习等必要措施。

淘宝网红主播雪梨，因偷逃税款，于2021年11月被税务部门依法追缴税款、加收滞纳金并处罚款6555.31万元。雪梨发布致歉信称对自己的行为深感愧疚，随后其网店被封，连社交账号也被封禁，雪梨的直播公司盛珩文化已原地解散。

如果商家或主播在直播间销售假冒伪劣商品，还有可能受到《中华人民共和国刑法》等法律的制裁。

例如，2020年8月10日，南京警方破获一起特大销售假冒注册商标的商品案，查获假冒国际知名潮牌服饰30余万件，涉案金额近2亿元。犯罪团伙为扩大销量，利用线上带货销售方式，注册了微信公众号、开设了抖音直播间，并入驻某大型团购平台和购物网站，在线上通过视频直播展示产品，以专柜价格销售假冒国际知名潮牌注册商标的商品。

根据《中华人民共和国刑法》第二百一十四条规定：销售明知是假冒注册商标的商品，违法所得数额较大或者有其他严重情节的处三年以下有期徒刑，并处或者单处罚金；违法所得数额巨大或者有其他特别严重情节的，处三年以上十年以下有期徒刑，并处相应罚金。

以上案例由于涉案金额较大，受到了相应的法律处罚和制裁。

因此，直播带货各参与方，主要是平台、商家、主播和MCN机构，要充分了解直播电商行业的基本规则和法律规定，合规经营，合规带货，否则，轻则会受到平台处罚（账号扣分、封禁），重则会受到法律制裁。

（1）遵守平台规定

直播带货需要依托特定的网络平台进行，每个网络平台对于直播带货活动都有自己的规定，因此，无论是主播还是商家，进行直播带货务必在平台规定下进行，不可触碰红线，否则，就会面临被处罚、被限流、被封禁的后果。

以快手平台为例，其违规行为及处罚包括以下几个方面。

第一，一般违规行为及处罚。

一般违规行为是指除严重违规行为和中度违规行为外，其他扰乱直播平台秩序的违规行为，包括但不限于：

①直播中出现抽烟、喝酒等不健康行为；

②直播中进行各类广告宣传，恶意发布广告的行为；

③直播中播放一切无版权内容，包括但不限于影视、游戏、体育赛事、演唱会；

④直播标题及封面中出现低俗、诱导性文字及不雅封面博取眼球以增加点击量；

⑤直播中出现着装不雅的行为，包括但不限于赤膊、穿着暴露、文身、特殊部位非正常拍摄。

违反上述规定的用户，将被予以警告；不改正，再次警告并停止当前直播。若仍然不改正，将停止当前直播并禁播1天。情节严重的将延长停播时间。

第二，中度违规行为及处罚。

中度违规行为是指除严重违规行为外，程度较重地扰乱直播平台秩序的违规行为。

①直播中出现诱惑性、挑逗性不良行为，包括但不限于低俗表演、低俗PK、低俗段子、低俗游戏。

②直播中通过猎奇、怪异、夸张或其他方式，恶意吸引关注、博取流量，包括但不限于怪异着装、恶搞他人、恶意揭秘炒作。

③直播中出现成人娱乐场所、易暴露隐私的公共私密场所，包括但不限于夜总会、公厕、洗浴中心、大众浴池，或直播过程中涉及成人用品及其仿制品相关的内容。

④直播中刻意拍摄人体敏感部位或进行带有性暗示、性挑逗的行为动作。

⑤直播中展示易引起观众心理或生理反感、不适的行为或画面，包括但不限于展示恐怖惊悚画面、吞食异物、宣扬炫富拜金主义。

⑥直播中宣扬暴力行为或言论，包括但不限于约架打架、斗殴、威胁恐吓、欺辱他人。

⑦直播中出现意图威胁自身或他人生命安全的行为或言论，包括但不限于扬言自杀自残、割腕烧炭、跳楼跳河、展示自残伤疤。

违反上述规定的用户，将被立即停止当前直播，并按违规次数递增停播时间。

用户在停播处置期满后，若一个月内多次直播都无违规行为，将降低违规累积次数，予以减轻处罚；若持续多次中度违规，或情节严重的将永久停播乃至封禁账号。

第三，严重违规行为及处罚。

严重违规行为是指涉政、涉黄、恶意违规等严重扰乱直播平台秩序的行为。

①直播中展示传播淫秽色情内容，包括但不限于性行为、色情推广、露点画面、挑逗性行为、带有性暗示的直播内容、违反公序良俗的行为。

②直播中展示或销售管制物品，包括但不限于私藏枪支弹药、枪支部件、组装方法、仿真枪支。

③直播中展示或销售毒品、违禁药品，或展示与之相关的任何行为。

④直播中展示赌博或与涉赌相关的任何活动。

⑤直播中展示危害自身或他人生命安全的行为或言论。

违反了以上规定的用户，将永久封禁直播乃至封禁账号，且快手平台有权冻结违规账户中未提现礼物收益。

（2）遵守法律法规

直播电商参与主体主要包括主播、平台及生产经营者，其法律地位界定如下。

第一，主播。

主播是在直播电商活动中具体实施直播行为的人，是《互联网直播服务管理规定》中的互联网直播发布者、《网络直播营销行为规范》中的在网络直播营销活动中与用户直接互动交流的人员、《关于对拟发布新职业信息进行公示的公告》中的互联网营销师和直播销售员。

因此，主播要遵守相关法律法规。

第二，平台。

平台则包括流量平台（社交平台、内容平台）与电子商务平台，是《互联网直播服务管理规定》中的互联网直播服务提供者、《中华人民共和国民法典》中的网络服务提供者、《中华人民共和国广告法》中的广告发布者、《中华人民共和国电子商务法》中的电子商务平台经营者、《中华人民共和国消费者权益保护法》中的网络交易平台、《中华人民共和国食品安全法》中的网络食品交易第三方平台提供者，要遵守以上法律法规。

第三，生产经营者。

生产经营者即通常所称的商家，是《中华人民共和国电子商务法》中的电子商务经营者、《中华人民共和国民法典》中的网络用户、《中华人民共和国消费者权益保护法》中的销售者与服务提供者、《中华人民共和国食品安全法》中的食品生产经营者、《中华人民共和国广告法》中的广告主，要遵守相关法律法规，进行合规经营。

（3）遵守地方法律和行业规范

直播带货参与方要遵守所在地的相应法律规定，以及行业规范。例如，2020年11月，浙江省网商协会为推动电商直播行业健康有序发展，在省市场监管局、省委网信办等单位的指导下，制定出台全国首部直播电商行业规范标准《直播电子商务管理规范》。其中，第4、第5、第6、第7条分别对参与直播电商的平台、商家、主播和MCN机构提出了管理要求。

第二章

平台布局：熟悉各大平台的开播机制

【本章关键问题】

· 各大直播平台的优势分别是什么？

· 美妆产品于各大直播平台的直播带货适应性如何？

· 各大直播平台开通直播带货的条件是什么？

· 各大直播平台如何开通直播带货权限？

1. 淘宝直播：开通条件及开通、入驻流程

淘宝直播是非常重要的直播带货平台之一。2019年，淘宝直播用户数量达到4亿，全年GMV突破2000亿元，其中仅“双11”当天的直播GMV就突破了200亿元，177位主播年度GMV超过1亿元。

淘宝直播发布的《2020年淘宝直播新经济报告》显示：2020年，有超过4000万件商品进入直播间，参与商家同比增加了268%，整年成交额超过2000亿元；淘宝直播在阿里电商平台上的渗透率（直播引导成交金额大盘成交金额）为去年同期的2倍。

2021年5月，阿里巴巴发布2021财年第四财季及全年财报，财报显示淘宝直播2021财年GMV超5000亿元。

淘宝直播平台的主播主要有两种类型：商家主播和达人主播。2020年，淘宝直播诞生了近1000个超1亿元的直播间，其中商家直播间数量占比超过55%，略高于达人直播间。

淘宝直播在美妆领域深耕多年，其积攒的海量资源、完整的供应链等成为美妆产品直播的最大优势。

淘宝主播中，美妆产品主播的数量仅次于服饰产品主播，在平台总主播数量中占12.9%。到了2020年，在这两个类目的主播数量倍数增长的情况下，占比反而略有降低，这意味着更多领域的专业主播开始扎根于淘宝直播，主播的类型趋向均衡和多元化，但美妆产品仍然是淘宝直播品类的重要构成部分。

（1）淘宝直播开通条件

可在淘宝直播平台开通直播权限的用户有两种：淘宝店铺和达人，分别

要满足如下条件才可开通（表2-1）：

表2-1　淘宝店铺和达人开通直播的条件

淘宝店铺（个人店铺和企业店铺）	达人（非商家、消费者）
（1）绑定支付宝且经实名认证的淘宝账号	（1）绑定支付宝且经实名认证的淘宝账号
（2）淘宝店铺等级在一钻及一钻以上（企业店不受限）	（2）下载淘宝主播App
（3）店铺微淘层级在L1级以上	（3）具有良好的控场能力，能够较好地同粉丝进行互动
（4）店铺主营类目在线商品量≥5件，店铺近30日销售量≥3件，近90天店铺成交金额≥1000元	（4）完成相关注册和实人认证流程
（5）卖家具有相应的客户运营能力，在本自然年度内没有出售假冒商品违规记录，且没有严重违规行为，被扣分少于6分	—

（2）淘宝直播开通流程

淘宝店铺和达人开通流程也不一样，分别如下。

①淘宝店铺直播开通流程。

打开淘宝客户端店铺账号后台，点击“商家自运营中心”，找到“淘宝直播中控台”，平台会自动审核店铺是否具备开通直播的条件，满足条件的店铺按指示流程开通即可，不满足条件的，设法先去查缺补漏，待条件满足后，再行开通。

需要注意的是，除房地产、内衣等极个别类目不允许开通直播外，其他细分类目都可以开通。

②达人直播开通流程。

当前，淘宝达人的开通门槛已经大大降低，甚至可以称得上是零门槛，只要有淘宝、支付宝账号，就可以开通直播。

第一步，下载淘宝主播App。

第二步，点击App立即入驻。

第三步，实人认证成为主播。

认证成功后，即可开通淘宝直播。不过，从开通直播到成为直播达人，中间还有一段较长的路要走。

淘宝达人主播的类型主要有（表2-2）：

表2-2 淘宝达人主播的类型及优势

达人类型	举 例	优 势
淘女郎	烈儿宝贝	入场早，成长周期长，深耕行业多年，有丰富的直播经验，收获了初期红利
红 人	于momo	自带流量，有稳定的粉丝基础，完美地将内容和电商相结合
明 星	刘涛、林依轮	有知名度，自带流量，品牌认可度高
总 裁	董明珠	行业影响力大，品牌认可度高，吸睛能力强
主持人	李静、呼呼美呼	口才佳，经验丰富，具备专业的主播素养，有一定的知名度
导 购	银泰导购员	经过专业训练，了解消费者和产品，数量众多

（3）直播机构如何入驻淘宝直播

直播机构入驻淘宝直播的要点如下所述。

第一，机构公司类型。

一般来说，红人经纪公司、艺人经纪公司、模特经纪公司、自媒体联盟、广告公司、垂直社区及内容平台等拥有丰富优质达人资源、供应链机构、村播机构（村播机构入驻说明待公布）。

第二，机构提供的达人类型。

明星艺人、自媒体、红人（高颜值、微博粉丝10万以上优先）、网络主播、行业垂直专业人士（拥有美妆护肤、服饰穿搭经验）、线下专业导购（专柜导购、批发市场售货员等）、农民（有基本直播能力，且有一定地方特色，仅限村播类型机构提交申请）。

第三，机构公司入驻淘宝直播的资质要求。

①必须为独立法人，有固定的办公场地，且为一般纳税人资质。

②公司注册时间1年以上，成立时间不满1年的，请补充优势说明。

③公司经营范围需为达人、自媒体、红人、电商等相关业务，从事相关业务半年以上，且有一定的优质达人资源、市场策划及宣传能力（公司营业执照经营范围必须包括模特经纪、艺人经纪、红人经纪等）。

④公司注册资金大于等于50万元 。

第四，机构合作的基础要求。

①主播要求（可以选择以下两条中的任意一条，村播机构另行约定）。

淘外优质主播：要求引入的达人必须在微博等社交平台有一定的粉丝影响力（真实粉丝基本门槛为20000，粉丝数高的优先），或者为某些专业领域的KOL、知名公众账号、平台签约模特或艺人等；有影响力的达人优先通过。需提交机构与主播的签约合同和主播在淘外平台的达人账号。

淘内达人主播：要求提供有一定淘宝直播经验的达人主播（微淘等级在L1级以上，淘宝直播经验丰富，淘内粉丝数多的优先）。

②主播数量：机构需要按照要求提交引入至少3个已入驻达人平台的主播候选人，且该候选人最终能通过审核获得直播权限；否则，无法通过新机构考核，可能被清退。

③活跃度：机构所引入主播达人的活跃度需保持在70%以上，机构每月的直播时长、直播场次、活跃度等要求详见阿里创作平台机构管理规范（MCN机构适用），所引入达人须积极配合参与平台举办各类活动。

④内容：达人发布的内容必须符合平台要求。

⑤保证金：须按平台要求足额交纳保证金；村播机构另行约定。

⑥账号：拥有淘宝账户，完成支付宝企业实名认证，且该淘宝账户没有淘宝开店记录。

2. 抖音直播：入驻流程与操作技巧

抖音是由字节跳动孵化的一款音乐创意短视频社交软件，抖音平台重算法、轻粉丝，实行优质内容为导向的流量“计划经济”模式。抖音平台以滚动式推荐为主，流量分发的核心是算法和内容质量反馈，粉丝关注反倒是次要标准。抖音平台基于内容质量等给予短视频初始流量池，推送给相关用户及部分粉丝（初次推荐池中仅包含10%左右的粉丝），并根据完播率、点赞率、评论率、转发率等反馈指标进行下一步流量分配。

到2020年8月，包含抖音火山版在内，抖音日活跃用户已超过6亿，成为继微信、淘宝之后，屈指可数的日活超6亿的超级软件。

2022年，抖音用户进一步增长，日活跃用户突破7亿。

2018年6月，抖音开始挑选100个账号内测直播电商功能，正式拉开了抖音直播电商的帷幕。当年“双11”期间，抖音直播带货成交额已突破2亿元。

抖音电商的GMV增速迅猛。2019年，抖音电商的GMV仅有100亿元，而2020年，抖音电商已经完成了5000亿元的GMV，其中抖音小店为1000亿元，其余的成交额则跳转到了淘宝、京东等第三方电商平台。

2021年初，抖音电商定下了1万亿元GMV的年目标，最终达成率预计为80%左右。抖音电商并没有公布官方数据，但广发证券、国金证券、华创证券的估算数据为7000亿～8800亿元。

从抖音平台各品类销售量的绝对值来看，服饰内衣、食品饮料、日用百货、美妆护肤、鞋靴箱包为2021年全平台销售量最高的五大品类。

美妆产品是抖音直播电商的重要类目。2021年，在抖音电商，美妆行业全年都保持了较高的增长幅度，其中主要增幅源于直播带货。

根据抖音官方分类，美妆大类共分为“彩妆/香水 /美妆工具”“美容护肤 ”“美容/个护仪器 ”与“美容美体医疗器械”4个一级分类。

从销售额月数据来看，在2021年1月—2022年2月，“美容护肤 ”一级行业占据美妆行业销售额的75%，稳居首位，月销售额全年稳步增长；“彩妆/香水/美妆工具”次之，占据美妆行业销售额的22%，位列第二；“美容/个护仪器”在美妆行业的销售额占比为2.53%；“美容美体医疗器械”目前市场体量较小，在美妆行业的销售额占比仅为 0.14%。

从用户画像来看，抖音美妆行业女性消费者群体呈年轻化趋势，18～24岁的用户群体较大；从消费者地域来看，新一线城市居多；从用户成交画像来看，用户多集中于二线城市以上，且占比高达90%，下沉市场有待渗透。

抖音美妆产品的用户画像同抖音一、二线城市90后，尤其是95后女性用户占比较大的画像相契合，她们热爱时尚、追求潮流酷炫、有一定的经济基础且消费能力强，对于美妆、配饰、服装、零食等类别的产品较为关注。

抖音直播带货功能开通流程如下所述。

（1）开通直播带货权限

①开通直播权限。

有三种途径获得抖音直播权限。

早期开通者。前期抖音曾开放过直播申请，当时门槛比较低，有一定原创视频和粉丝量的用户都可以开通，现在具有直播权限的用户有很多都是在那个时期开通了直播权限。

平台邀请型。对于一些外表出众、才艺俱佳的主播，抖音平台会主动邀请其开通直播。

自愿申请型。

抖音平台的直播申请条件在不断变更，申请门槛总体呈下降趋势。

当前，开通抖音直播权限的条件如下所述。

第一，已经成功开通商品分享功能：开通商品分享功能需要同时满足粉丝量≥1000、实名认证、发布10个以上的视频这三个条件。

第二，抖音账号粉丝量≥1000：抖音直播带货门槛其实和视频购物车的门槛一致，只要开通了商品分享功能也就是商品橱窗，就能直接开通直播权限。

需要注意的是：如果某抖音账号当天的粉丝量刚好超过1000，则第二天直播权限才会生效。

②开通商品橱窗权限。

开通抖音商品橱窗需要满足以下条件：

一是账号需实名认证。

二是个人主页视频数（公开且审核通过）≥10条。

三是账号粉丝量≥1000。

开通商品橱窗后，主播不仅拥有个人主页的商品橱窗功能，还拥有在视频和直播中添加并分享商品的权限。也就是说，当开通抖音商品橱窗后，就能获得视频购物车和抖音直播带货的权限。

（2）入驻抖音小店

2019年，抖音开通了抖店（抖音小店）功能。抖店与淘宝店铺类似，想卖货的个人或企业需要上传营业执照、选择经营类目、上架商品，再通过短视频或直播来宣传商品，促成交易。这样整个消费闭环完全落在抖音体系内，而无须跳转至淘宝等第三方平台。

抖店入驻流程如下：

第一步，账号注册与登录。

使用电脑访问抖店官网，可以选择头条账号、抖音账号、火山账号中的任意一种渠道账号进行注册或登录（图2-1）。

需要注意的是以下几个方面。

①注册成功后，登录方式将无法自助修改，所以要尽可能选择最稳妥的方式保管登录账号。

②渠道App上的账号仅用于注册和登录，至于抖店店铺与渠道号的关联，则需要抖店店铺营业后到店铺的渠道绑定中进行绑定。

③不要随意注销渠道App上的账号，因为注销后，将无法再登录抖店。

图 2-1　注册或登录抖店

第二步，填写资质信息。登录后提交营业执照、法人/经营者身份证明、店铺logo等。开店主体有两种，企业或个体。企业店铺类型有专卖、专营、旗舰店、官方旗舰店四种，个体店铺只有个体一种。

第三步，平台审核。平台审核资质一般要1～3个工作日。

第四步，账户验证。平台对“对私银行卡号 + 银行预留手机号或对公账户”进行打款验证。

第五步，交纳保证金。不同类目、不同主体的抖店，需要交纳的保证金各不相同，详见官网提示。经营多类目时，仅按最高金额收取，不叠加，交纳完成后即可开店，正常营业。

目前，抖店美妆类目是定向邀约类目，所以抖店要上架美妆产品，不仅要具备相关资质，还要获得准入资格。

3. 快手直播：入驻流程与操作技巧

在直播电商领域，快手与淘宝、抖音位于第一梯队，呈三分天下之势。

与抖音的推荐机制不同的是，快手平台是基于社交+兴趣进行内容推荐的，采用去中心化的“市场经济”模式，其“普惠”式的流量分发机制不易制造爆款，但能够造就独特的“老铁关系”。

快手的粉丝黏性比较高，主播带货能力较强。快手大数据研究院发布的《2019快手内容报告》显示：快手用户男女比例为51：49；35岁以下用户占比约66%；二、三、四线及以下城市用户占比达84%，东北、山东、河南、河北、广东用户最多；主要的购物群体为三、四线城市的女性用户，相对于抖音的用户群，其购买能力较低；热销产品价格在100元以内，以美妆洗护、服装、日化、零食等低客单价、刚需产品为主。

在快手平台的各类直播中，美妆类产品的“吸金”能力最强。相关数据显示，包括护肤、美发在内的美妆直播中，主播数量和总评论数是所有直播中最多的，且总收礼金额也是最多的。例如在直播间卖高端美妆个护产品的快手主播韩承浩（图2-2），在其粉丝体量只有50多万的时候，一晚带货金额就能高达1000万元。

最新数据报告显示，在快手，每天有超过60%的浏览用户观看过美妆视频，有将近五分之一的用户看过美妆直播，平均每天同时观看过美妆视频和直播的用户接近6000万。

快手美妆产品直播的吸金能力越来越强。快手是美妆产品直播变现的一个主流平台。

（1）快手直播开通流程

开通快手直播非常简单，基本上没有门槛，也没有粉丝数量的要求，只要是经过实名认证的注册账号都可以开通。

第一步，下载快手App客户端，打开应用，点击左上角的“三道白杠”图标。

第二步，点击“设置”，找到“开通直播”选项。

第三步，进行实名身份认证和人脸认证，通过后即可开通直播权限。

图 2-2　韩承浩的快手账号主页

（2）快手小店开通流程

快手小店分为个人店、个体店以及企业店，而企业店则又分为旗舰店、专卖店、专营店、卖场型旗舰店以及普通企业店。

通过实名认证的用户，可申请开通快手小店，需提交相关资质、营业执照，通过平台审核后即可，流程如下：

第一步，下载快手App客户端，打开应用，点击左上角的“三道白杠”图标。

第二步，点击“快手小店”，选择右上角的“卖货”图标，点击进入。

第三步，根据自身情况选择以主播、供货商/品牌方身份（图2-3），立即加入，并进行资质（个人、个体工商户、企业）绑定（图2-4），选择以供货商/品牌方身份加入，需要在电脑端登录快手小店官网（https://www.kwaishop.com/）按流程进行操作。

建议在电脑端进行入驻操作，因为入驻选项更多，可以主播（带货达人、自播商家）、货主（供货方、品牌方、进口店）、服务商（电商服务商、招商团长）的身份进行入驻。

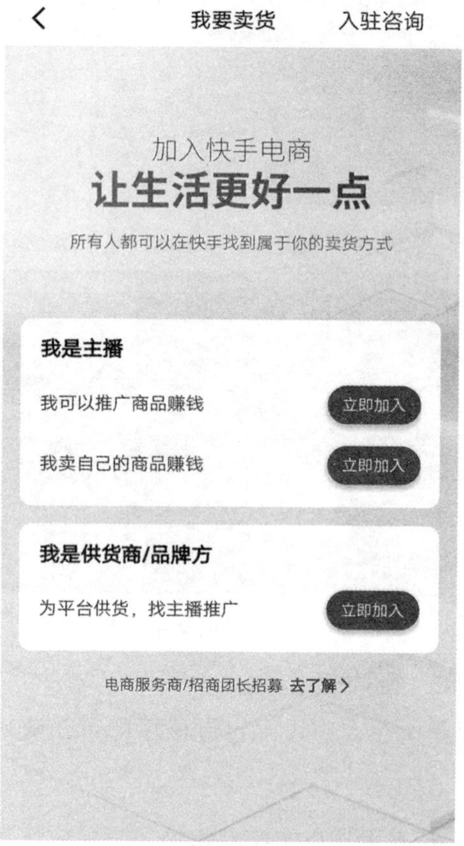

图 2-3　快手小店入驻身份选择

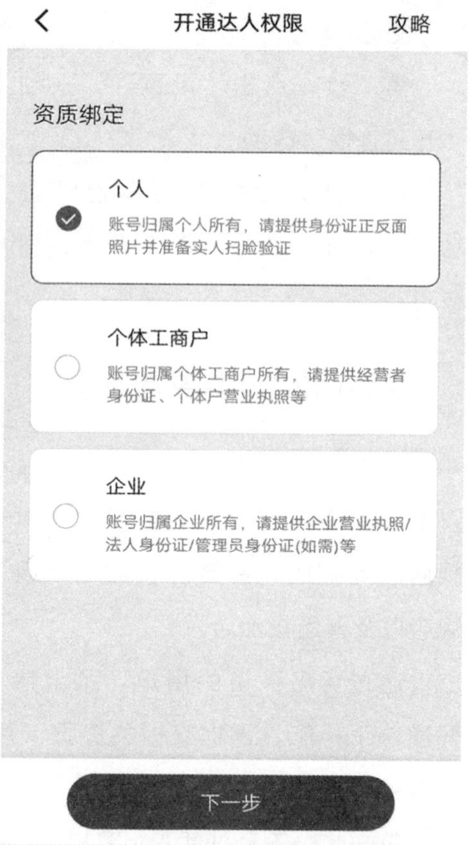

图 2-4　资质绑定

第四步，提交相关信息并经验证、审核后，即可成功入驻。

美妆产品属于定向类目，在开通快手小店之后，要先通过提交相关准入资料的方式来进行审核，以开通自己的白名单权限。

（3）快手小店销售回款周期

快手小店商品售卖后，在买家确认收货7天后，货款到账；如买家未手动确认收货，则系统在发货后的第10天将自动确认收货，自动确认收货的7天后，货款到账。

4. 京东直播：入驻流程与操作技巧

京东是中国自营式电商巨头。2021年，京东实现净收入9516亿元人民币（约1493亿美元），同比增长27.6%。

早在2016年，京东便已开始试水直播带货，但在直播电商领域的作为要远远落后于同时期布局直播电商的淘宝和快手，也落后于2018年进入直播电商赛道的抖音。

2020年，京东直播带货开始发力。京东直播带货异军突起，打了不少漂亮的翻身仗。京东携手国内一些明星、知名主持人、著名企业家，推开了直播电商的大门，取得了不俗的成绩。例如，2020年6月6日，京东联合央视知名主持人康辉、撒贝宁、尼格买提、朱广权和北京台一姐春妮组成“超级带货天团”，在京东直播间，创下了3小时带货13.9亿元的新纪录，这在整个直播电商行业也是数一数二的战绩。

伴随整个平台拥抱直播带货，京东美妆也开启了大范围的直播带货尝试。京东美妆部门成立于2009年，于 2014 年首次举办“蝴蝶节”，面向女性用户主推美妆产品。2018 年 3 月起，京东美妆大刀阔斧地引入高端资源，赫莲娜、碧欧泉等大品牌相继入驻京东美妆，京东美妆体量已达百亿规模，由二级业务部门升级为一级业务部门。

2020年京东“6・18”大促期间，直播带货成了京东美妆销售的重头戏，5月16日至6月14日，京东美妆直播总场次超过14500场，其中包括十几场由品牌方高管亲自参与的直播，以及14场明星直播，例如，OLAY品牌大使任嘉伦、巴黎欧莱雅代言人朱一龙、兰蔻品牌挚友吴宣仪都进入了直播间。

京东美妆直播有以下几个特点。

第一，采取PGC（专业生产内容）模式。

强调为消费者节约时间，购物导向强，采取PGC而不是其他平台普遍采用的UCG（用户生产内容），专业性更强，消费者的信赖度更高。

第二，注重店铺自播。

以2020年“6·18”大促期间为例，商家自播在京东美妆所有直播中的占比为70%左右。其中，OLAY在“6·18”期间每天的直播时长均超过7小时，卡姿兰也在一天中进行了长达14小时的直播，很多京东美妆店铺的直播销售额已占其整体销售额的20%。

第三，正品保证。

消费者在京东美妆官方旗舰店直播间买到的产品，每一个都有来自品牌官方的正品“身份证”，并且享受京东物流极速配送服务和京东完善的售后服务，这是其他平台难以做到的。

为最大限度确保产品质量，京东美妆还成立了自营选品委员会，根据品牌和产品、使用体验、市场欢迎度等因素决定品牌可否进驻京东。选品委员会采用一票否决制，品牌任何一方面不符合要求，京东美妆都不会同意其入驻。

第四，主打专业性。

正品优势之外，京东还主打专业性，引入了李东田、陈雪这样的专业主播，增强消费者的信任感，满足消费者对美妆产品知识以及化妆技巧获取上的诉求，并陆续打造了“京致星榜Young”“京致新势力”“科学美颜社”等直播IP，推出了“京美买手”直播节目，让专业的采销和运营团队来推荐产品，扩大选品优势。

好物选品，极致专业，正品保证，优质服务，京东美妆直播正以更新颖和契合未来发展趋势的直播方式，成为一股不可忽视的力量。

入驻京东直播有两种途径。

（1）达人直播

京东达人平台是京东商城旗下的第三方导购平台，面向全球优秀、有个性的媒体、自媒体、网红达人、时髦买手开放。

目前，京东达人平台涵盖美食、数码、美妆、穿搭、母婴等多个领域，诚邀热衷于消费内容的达人们入驻。京东达人平台定位于高端质量内容的汇合发布渠道，以完成达人精品导购内容精准分流，为达人带来更多的曝光和成交。

对于个人和媒体，想要开通京东直播，需要向运营人员提供发布者昵称，开通直播权限，再预约房间。

①注册京东达人

在PC端登录京东内容开放（达人）平台地址http://dr.jd.com（如图2-5所示），注册达人身份，达人身份通过后即可申请开通京东直播权限。

图 2-5　京东内容开放平台登录入口

②京东直播申请流程

达人直播申请步骤如下：

第一步，提报。按照附件报表的格式进行填写。

第二步，确认排期。平台直播运营人员会与事业部直播负责人确认排期。

第三步，申请直播权限。如果没有权限，需先申请开通。具体可参考平台提供的指南——如何开通直播权限。

第四步，准备素材。如果不需要配置直播间内的坑位，那么只需要设计“京东直播封面图制作规范”中的800mm×600mm的封面图，设计完成后无须给到运营，预约房间时直接上传即可，会有专人审核。

如果需要在直播间内配置坑位（坑位可以配置跳转优惠券、活动页、商品页），则需要自己配置两坑位或者三坑位，并按素材模板中的“直播间坑位模板”进行设计，改图无须发给运营人员。

第五步，预约房间。在预约房间时将封面图上传，预约完成后将房间ID以邮件或其他方式发给监看人。如不符合规范会有监看人联系修改（每场直播会有专人联系商家，届时只需按照监看人指引反馈房间号，也就是直播ID），默认可预约7天内的场次。

第六步，直播测试。届时会有平台工作人员联系商家做直播相关的测试，通常会在直播前一天联系。

第七步，正式直播。按照预约时间提前10分钟做好准备，提前1分钟开始直播。

（2）商家直播

商家即入驻京东的第三方商家、小店，在京东开店的门槛相对较高，流程也较为复杂。

①商家入驻京东的基本流程

第一步，登录卖家在线入驻系统，在线签署入驻协议。

第二步，根据页面要求填写联系人信息，完善公司信息，包括上传营业执照、税务及财务信息、经营类目、经营品牌、店铺名称等。

第三步，合同签订、卖家交费。在所有信息确认无误后就可以根据系统提示交纳费用。

第四步，京东确认交费无误后，店铺状态就会变为开通，用户可以登录商家后台开始正常经营。

在京东开店，不同类型的店铺费用也不同，其总体费用基本为5万～35万元，商家需向京东交纳的保证金为2万～30万元，退店时押金可以退还。

另外，京东平台服务费为每月1000元，平台按销售额扣点，一般为3～10个百分点。

②商家入驻京东直播

商家想在京东平台进行直播带货，需要先入驻京东直播，操作流程如下：

第一步，在电脑或者手机端进入京东商家的后台。使用京东卖家账号登录，申请开通达人账号，获得基本的直播资格。

第二步，在卖家后台的“渠道申请”中找到京东直播，点击申请直播。

第三步，填写申请理由，提交后等待京东审核，审核通过后，即可获得直播带货权限。

③添加商品

拿到直播带货权限后，商家可在直播间插入相应商品，用户就可以点击商品跳转到相应的页面下单购买。

添加商品需要进入京东达人平台的后台，点击“内容营销”进入页面，在内容营销的页面，填写直播ID、标题、直播封面、商品信息即可。这样等直播开启，直播间里就会出现相关的商品信息。

5. 拼多多直播：入驻流程与操作技巧

截至2020年底，拼多多年活跃买家数达7.884亿，成为中国用户规模最大的电商平台。2021年，拼多多年成交额为24410亿元。

2019年，拼多多开始试水直播电商。2019年5月，拼多多宣布与快手合作，拼多多商家可接入快手主播资源做商品直播推广。

2019年6月6日，知名主持人周涛现身拼多多“6·18”官方直播间，作为拼多多的首个“明星推荐官”，周涛精心挑选了43款带货商品，包括雅诗兰黛小棕瓶精华、SK-Ⅱ神仙水等美妆产品。其直播首秀吸引了1600万拼多多用户观看，很多商品刚上线即被秒杀一空，单场带货销售额超过1.4亿元，创下了拼多多平台直播带货新纪录，也彰显了拼多多在直播带货领域的爆发力。

2020年6月8日，拼多多与广州市白云区联合主办的“美妆优品馆启动仪式暨直播节”活动在广州举行。白云区“美妆优品馆”也正式入驻拼多多，区辖属的阿道夫、水密码、卡姿兰、韩后等知名品牌均入驻优品馆。

这也是拼多多上线的首个“美妆优品馆”。活动当天，时任白云区委书记赵军明亲自走进“美妆优品馆”的直播间，为白云区优秀的美妆品牌直播带货，当日直播带货销售额达4800万元。而在6月6日至8日整个美妆直播节期间，白云区上百家美妆品牌均参与直播活动，总观看人次超过 1900万，销售总额达1.2亿元。

对于此次合作，赵军明介绍：“全球美妆看广州，广州美妆看白云。全国每生产三个化妆品就有一个出自广州白云区。”

与广州市白云区的美妆资源强强联合是拼多多大举进入美妆直播电商领域的重要举措，美妆产品成为拼多多直播电商领域的一个重要品类。

拼多多的直播电商正处于高速成长期，在该平台进行直播带货的开通流程及操作要点如下。

（1）拼多多开店要点

在拼多多直播带货要依托拼多多店铺进行，因此，首先要开通拼多多店铺。

拼多多的开店门槛非常低，开店流程也非常简单，无论是开个人店还是开企业店，只需按照平台指示流程进行，过程非常简单，只需准备好相关证件（个人需提供身份证，企业需提供营业执照）、银行账户等资料即可，如果有不清楚的地方，可以查看平台提供的“入驻手册”进行学习。

当前，商家入驻拼多多是免费的，而且拼多多平台不向商家收取任何销售提点和抽成。

不过，无论是个人店还是企业店，都需要交纳保证金，其标准如表2-3所示：

表2-3　拼多多店铺保证金交纳标准

品类	非海淘企业保证金/元	海淘企业保证金/元	非海淘个人保证金/元	海淘个人保证金/元
水果生鲜	10000	10000	10000	10000
服装箱包	1000	10000	2000	10000
母婴玩具	1000	10000	2000	10000
美妆个护	10000	10000	10000	10000
家居生活	1000	10000	2000	10000
运动户外	1000	10000	2000	10000
3C电器	1000	10000	2000	10000
食品保健	1000	10000	2000	10000
家纺家居	1000	10000	2000	10000
数码电器	1000	10000	2000	10000

商家入驻拼多多后，拼多多平台有权每月根据店铺上个自然月的销售情况对保证金标准进行调整，详细标准见表2-4，如果店铺账户内的店铺保证金余额高于其上个自然月销售额所对应的店铺保证金标准，则店铺保证金不予调整。

表2-4　店铺保证金调整标准

上个自然月销售额（x）/元	保证金标准/元
$x>500000$	10000
$100000<x\leqslant 500000$	5000
$50000<x\leqslant 100000$	2000

店铺在经营期间如果出现以下违规情形，平台会对其保证金进行扣划及赔付：

①若商家经营期间发生违规情形的，平台有权根据平台协议及平台规则的规定扣划其部分或全部店铺保证金，用于赔付消费者、赔偿平台损失或支付其他应由商家承担的款项或费用。

②若平台收到任何第三方对商家发起的投诉、举报且成立的，平台有权扣划该商家的部分或全部店铺保证金，用于赔付第三方、赔偿平台损失或支付其他应由商家承担的款项或费用。

③若平台因商家自身原因受到任何第三方发起的投诉、举报、索赔、诉讼或仲裁等而遭受任何损失或支出任何费用或款项的，平台有权扣划该商家的部分或全部店铺保证金，用于赔付第三方、赔偿平台损失或支付其他应由商家承担的款项或费用。

如果商家申请退店或平台关闭店铺的，平台将根据《拼多多退店规则》将店铺保证金余额退还至届时店铺提现账户或者按照原支付方式退回。

（2）开通直播权限

拼多多直播没有任何门槛，正常商家都可以开通，流程如下。

第一，下载拼多多商家版。

登录后，按“工具—营销—创建直播”的顺序进行，即可开通拼多多直播权限。

第二，上传直播封面。

封面要求如下。

①尺寸：1∶1，800px×800px以上，大小在5M以内。

②内容：能清晰突出展示商品的图片。

③封面要求：不能有平台外的诱导信息，简洁明了，尺度不能过大，不能拼接，边框不能是纯色的。

第三，取直播标题。

直播标题要求及规范如下：

①不超过16个字符。

②内容简明扼要，能够表达直播主题（如品牌女装、限时开抢）。

③不允许出现没有意义的文字，如11111、bbbbb等。

④避免出现夸大的词汇，如全网价格最低、质量最好等。

⑤不允许出现平台外的诱导引流信息，如微信、QQ、电话号码等。

第四，选择添加商品。

可以添加店铺中的商品，选择要进入直播间的商品即可，也可以通过商品ID来添加商品。

另外，商家在开播前还可以根据需要来添加、删除商品和对商品进行排序，开播后就只能添加商品，不能进行其他操作。

第五，正式开始直播。

确认直播信息，调整好画面声音，就可以正式开始直播了。

6. 小红书直播：入驻流程与操作技巧

小红书是创建于2013年的生活分享社交平台，用户可以通过短视频、图文的形式记录生活，分享生活方式。小红书基于兴趣形成互动，很受年轻人欢迎，当前内容已覆盖美妆、母婴、读书、运动、旅游、家居、美食、酒店等领域。

从属性上看，小红书以用户分享购物体验的种草为主，具有强烈的种草基因，平台上也因此聚集了大批以种草内容发布为主的博主，这一点明显区别于淘宝、快手、抖音等直播平台的导购属性。

过去，用户在小红书观看了博主的种草笔记后，如果需要购物，就要到其他电商平台筛选、对比，从种草到拔草，中间不仅有一个较长的过程，且需要跨平台操作，如果小红书直接开启直播带货，就可以让用户在站内完成种草、拔草的完整消费链条，实现直播电商的内部闭环。

鉴于此，小红书也开始尝试直播带货，试图打通直播电商的整条消费链。

2019年，小红书开始内测直播，正式上线小红书品牌合作人平台，提供品牌方、内容合作机构（MCN）和博主三重身份的入口。品牌方通过该平台直接进入小红书官方的广告营销平台；MCN可查看入驻信息；已申请通过品牌合作人的博主可以直接查看自己的真实商业内容数据，对自己的笔记进行报价，并设置是否对品牌可见。

2020年4月，小红书平台的直播全面开放，陆续有博主和商家开始尝试直播带货。小红书平台还承诺“新主播如果完成首次开播，且时长不少于半小时，就可获得2000+流量曝光激励，用于推荐日常笔记”。此外，每周直播间人气前100名的主播，还能获得小红书平台额外20W+的流量曝光扶持。

2020年，小红书直播电商GMV约10亿美元，同期抖音直播电商GMV则已突破5000亿元。小红书受日活跃用户数量和推荐机制所限，在直播带货的量级上同抖音、淘宝、快手等平台相去甚远。

尽管如此，小红书独特的种草属性，对于美妆产品直播带货而言，仍然值得一试，其优势主要表现在以下几个方面。

第一，去中心化的流量分发机制。

小红书平台没有重量级的头部主播，其流量分发机制与抖音大不相同，属去中心化机制，资源分配会更加均衡，对中小博主、商家比较友好，不用付费投放流量就能获得系统推荐。

第二，用户画像适合美妆产品。

小红书是一线城市女性用户的聚集地，她们年轻、消费能力强、消费意愿高，是美妆产品的精准用户，其用户画像和用户人群同美妆产品具有天然的适配性。博主可以通过笔记进行种草，再通过直播带货进行转化，实现从种草到拔草的转化。

第三，基于信任的直播带货。

美妆产品是小红书的大品类，具有经济优势的小红书用户愿意尝试新奇的美妆产品，但普遍对护肤类产品有更高要求，并愿意付出相应的安全溢价。例如，爆火的美妆品牌花西子就是靠小红书种草引流火起来的，所以平台本身具有天然的美妆产品优势，用户信任度高。

在小红书创作号原负责人杰斯看来，小红书的优势是高消费、乐于表达的用户居多，直播带货虽然在抖音、快手等平台长期贯穿“低价”“特供”的路线，但小红书直播不以低价为主要打动用户的优势。杰斯说：“（直播）带货里面转化有几层逻辑，首先是我相信你推荐的东西，这应该是最重要的。”也正因如此，相对于其他平台喧闹的直播场景，小红书的直播间相对理性，粉丝是基于信任选择主播推荐的产品，主播无须大声叫卖，这也是小红书直播具备高客单价、高转化率和高复购率特点的原因。

在小红书平台，直播模块和带货模块是分开的，如果主播在小红书进行直播带货，需要同时申请开通直播权限和带货权限，两者缺一不可。

（1）开通直播权限

主播必须符合小红书平台创作者的条件，才可以通过后台设置页面中的功能申请来查看直播权限。

小红书为创作者设定的条件如下：

①完成实名认证、粉丝数量大于等于5000人。

②在过去6个月发布过10篇或10篇以上自然阅读量超过2000的笔记。

③无违规行为。

直播权限开通流程为：手机端打开小红书App，登录小红书账号，将底部导航栏切换到“我”页面，点击左上角的“三杠”图标，找到当前页面的“设置”按钮，在设置页面中找到“功能申请”（不满足创作者条件的没有该选项）选项。点击进入“功能申请”选项，选择第二个选项“开通直播”，进入申请页面，填写信息，等待审核。直播权限审批通过后即可开通。

（2）开通带货权限

开通直播权限后，可申请带货权限，但是门槛相对较高。主播需要试播3场，每场直播的平均人数不少于100人，直播时间不少于30分钟。其中直播平均人数比较难达到，可以邀请一些亲朋好友前往直播间助阵。

满足上述条件后，点击“创作者中心—好物推荐”，即可开通带货权限。

（3）直播选品

直播权限和带货权限都开通后，主播就可以开启直播带货了。对于直播间的产品，除了少部分头部主播可以直接同品牌方进行合作外，大部分主播只能通过小红书的选品中心进行选品。在选品中心，主播可以输入自己想要带货的产品，搜索后可以看到产品信息、优惠信息和产品佣金比例。如果主播手中已经有了所选产品的样品，可以选择直接选品带货，并勾选“我已经有了这个产品，不需要样品”。如果主播手中没有样品，选品平台将会为主播提供5个取样名额。在选品时，主播只需使用一个选品名额下单，在收到产品后7天内完成直播，直播结束后再寄回样品。

7. 蘑菇街直播：入驻流程与操作技巧

提及直播电商平台，大家第一时间想到的多是淘宝、京东、拼多多、快手、抖音，蘑菇街的知名度和热度相对较小。

蘑菇街成立的时间其实并不短，上线于2011年，2016年与美丽说战略融合， 2018年底在纽约证券交易所上市。蘑菇街是一个比较小众的电商平台，其主要用户群体为时尚女性，拥有上万个精通购物和穿搭的时尚达人和海量红人主播，主播在直播间为观众实时分享个性化的潮流搭配、服装试穿、护肤教学等时尚内容。

蘑菇街是国内最早启用导购模式的电商平台，养了大量的KOL和KOC，是一个基于内容的导购平台。早期的蘑菇街凭借自身的社区优势给淘宝做引流而不断发展壮大。

早在2017年，蘑菇街便开始了小程序直播卖货，主播可利用微信平台的社交裂变优势进一步扩大影响力。

在早期的直播带货尝试中，蘑菇街形成了自己的独特风格——以主播为核心进行供应链匹配。

例如，2018年1月，蘑菇街开启选品会，顾名思义就是参展方展示商品，主播们挑选自己喜欢并愿意为之直播带货的商品。第一次开展便有200多个主播和商家参加。据不完全统计，当天选中的标品，在当年“双11”大促中的成交额超过2000万元。

在时任蘑菇街副总裁洛伊看来，这样的成绩离不开选品会的价值观定位：只有主播自己喜欢商品，才会在镜头前表达出更真情实意的内容。

可以看出，蘑菇街是以主播为核心来规划供应链匹配的。蘑菇街非常注重培养主播，一位主播从素人到顶流的蜕变，有一套非常完善的流程。而当一位红人主播诞生后，蘑菇街会根据其定位，将其与品牌方、商家进行对接，最终以直播的形式帮助商家完成线上营销。在整个链路中，商家获得货品变现，主播获得流量变现。主播诞生的整个流程都由蘑菇街主导，蘑菇街就像一个大型的MCN机构。

2020年开始，蘑菇街进一步向直播电商领域转型。4月17日，蘑菇街CEO陈琪表示："对部分业务进行优化调整，其中将会有约140位同事在这次调整中受到影响。"蘑菇街此举正是为了能够更好地将资源集中到直播带货和品牌特卖为主的核心业务当中。

5月底，蘑菇街发布了针对主播、机构及供应链招募的"美力计划"，推出"保底月薪""货品对接""流量扶持""官方经纪"等六大主播扶持政策及"免佣一年""平台包销""运营服务"等六大供应链扶持政策，助力优质主播成长并共同助力品牌业绩回暖。

在2020年"6·18"直播购物节上，蘑菇街直播GMV（销售额）达到去年同期的185%，直播贡献占平台总GMV的比重超八成，其中平台TOP3主播累计直播带货超过1亿元。

蘑菇街头部主播"小甜心_呢"（图2-6）在仅有200多万粉丝的情况下，2020年"6·18"直播购物节期间实现6033万元的销售额，粉丝黏性及复购频率明显领先。

2020财年，蘑菇街直播电商的

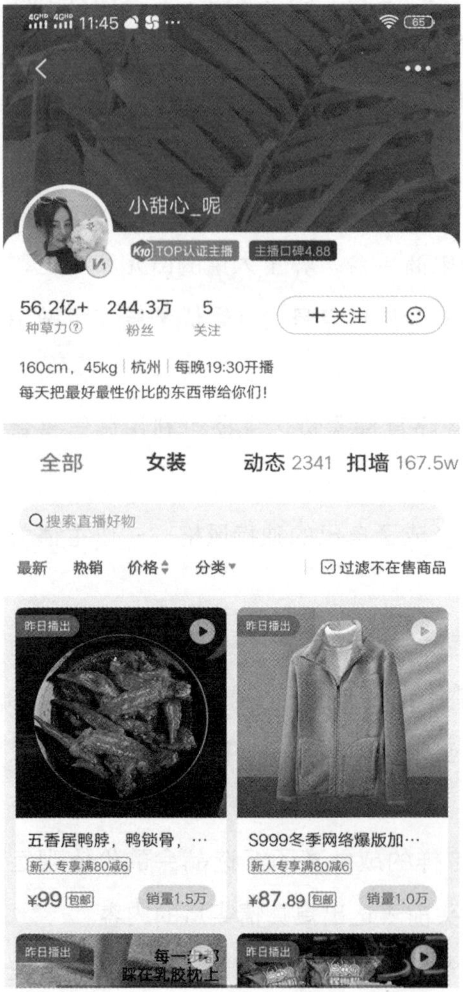

图 2-6 "小甜心 _ 呢"蘑菇街账号主页

GMV同比增长91.6%，占当年总GMV的46.2%。

2021年第一季度，蘑菇街的直播电商GMV同比增长54.1%，占当季总GMV的65.4%。

2022年，蘑菇街头部主播的带货能力得到进一步提升。8月，主播“小甜心_呢”举办了女装、护肤、电器、黄金等多个品类专场活动，月直播GMV超1亿元。

主播“小甜心_呢”在8月2日的欧莱雅护肤专场单场直播GMV超500万元，直播销量近6万单，直播间护肤套装、精华、面膜等多款护肤商品热卖，单品最高销量超1万单，展示了其在美妆产品领域强大的带货能力。

目前，从体量上看，蘑菇街虽然难以同淘宝、快手、抖音等巨头相媲美，但也形成了自己独特的带货模式，拥有一批高黏性的忠实粉丝群体，观看直播购物的人群大部分是女性，而这与美妆产品非常匹配，蘑菇街或以“小而美”的方式形成自己的竞争优势。

蘑菇街直播带货，主播首先要入驻平台，并开通主播小店。

（1）主播入驻

打开手机端蘑菇街App，点击底部“直播”，进入直播页面，选择右下角圆形“开播”图标，即可进入主播入驻界面，有个人主播和MCN机构两种入驻方式（图2-7）。

图 2-7　蘑菇街主播入驻分类

第一，个人主播入驻。

选择个人主播入驻入口，提交申请，会出现试播入口，申请者需进行5分钟的试播，审核通过后即完成入驻。

第二，MCN机构入驻。

入驻机构需准备以下资料:

①公司介绍（文字或者PPT形式，附带联系人微信）。

②旗下主播介绍。

③营业执照原件或扫描件。

申请者需将以上信息整理好后发送邮件至 huiwu@mogu.com 并抄送至 fangao@mogu.com（不要设置邮件有效期）。

发送邮件后进入链接（https://pc.mogu.com/mcn-join/index.html!?#/）提交机构后台申请，提交完成后进入审核页面。预计1个工作日后，机构再次登录链接查询审核状况。

若通过，则进入提交机构入驻协议流程（直接确认提交即可）；若未通过，则会反馈失败原因，机构调整后可重新提交。机构再次提交审核后1～3个工作日审核通过。

（2）货品对接

主播入驻后，由于蘑菇街平台暂未开通美妆等特殊类目的产品入驻主播小店，因此，美妆类主播不能直接开通主播小店。在选择直播带货商品时，可在微信上搜索“琳琅选品”小程序（使用直播账号绑定微信登录），在小程序中实现选品及合作（图2-8）。

在琳琅选品小程序上挑选好合作商品后，点击发送合作意向，发送完合作申请后，等待商家确认通过。

①和商家建立合作后，主播可使用商家授权的改价（商家提前设定直播价，点击“秒杀”则自动开启秒杀价）。

②商家同意后（通过会有短信提醒），即可在直播助理后台的“合作商

品”中查看商品并开始直播。

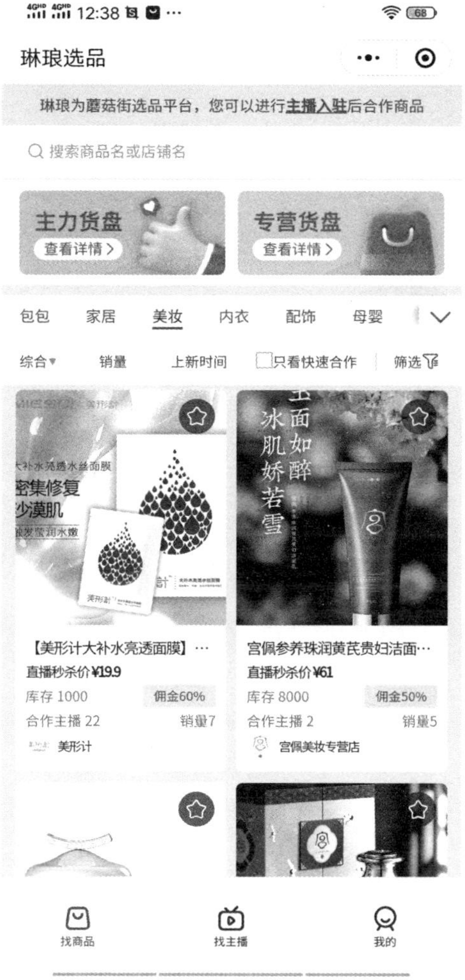

图 2-8　琳琅选品小程序页面

第三章

产品选择：甄选适合直播的美妆产品

【本章关键问题】

· 美妆产品选品有哪些维度？

· 美妆产品的进货渠道有哪些？

· 如何进货和鉴别国外美妆产品？

· 什么是“白牌”美妆产品？

· 产品质检为何越来越重要？

· 如何进行产品组合、定价、排品？

1. 美妆产品选品的四大维度

直播带货能否成功，选品是关键。选品不当，直播间的成交额很难做起来，即使直播间的人气很高，也可能出现低转化甚至零转化的情况。相反，如果选对了产品，即使是一些零基础起播的新手直播间，也能销量爆棚。

新冠疫情初期，多家航空公司为了应对经营困境，纷纷瞄准直播带货。2020年4月，春秋航空董事长王煜亲临直播间介绍春秋航空的新开航线及目的地的人文美食。此外，东方航空、山东航空、海南航空等多家航空公司也开始直播销售随心飞等文旅产品。

起初，各航空公司直播间销售的多是机票等强关联产品，但主播在直播间费了半天口舌也难以卖出几张机票。

航空公司将机票作为直播间的选品来销售，不是顺理成章吗？但事实并非如此，因为机票属于个性化的非标准产品，不同旅客需要的是不同时间飞往不同目的地的机票，因此，机票并不适合直播销售。

后来，航空公司调整了选品策略，将美妆产品作为直播间的主打产品。因为让空姐化身主播进入直播间带货美妆产品本身有着巨大优势。航空业作为服务业的代表，司乘人员在气质、形象和内涵上都同美妆产品极为匹配，会潜移默化地影响消费者的选择。

于是，在航空公司的直播间中，我们就听到了类似的讲解："来到南航啵啵间，点关注、点小黄心、加入粉丝团，送您一个小盒子""SK-Ⅱ神仙水中样四件套某专柜都卖一两千米，我们只要248米，可以直接带上飞机，我之前国际出差都一直带"。

事实证明了航空公司选品转型获得了巨大的成功，空姐主播们的美妆产品带货能力确实十分耀眼。据抖音电商数据平台分析"蝉妈妈"数据，

2022年“6·18”大促期间（截至2022年6月17日），南方航空两个抖音号自开播以来，累计销售额预计达1957.3万元，直播带货水平位居头部达人行列。而海航直播间在5月的销售额达到4488.7万元，平均每场直播收入为160.3万元，更是坐上“航空直播头把交椅”。

由航空公司的案例可以看出直播选品的重要性。美妆产品直播间选品包括四个基本维度。

（1）产品维度

产品是基础，美妆产品的考察维度主要有品牌、价格、成分、功效、颜值、包装、供应链等要素，要综合以上要素选择契合自己直播间的产品。

如果是带第三方店铺（淘宝店、京东店、抖音小店、快手小店等）的货，则要综合考察店铺的综合评分、装修美观度、发货时效、店铺服务质量、售后评价等。

（2）粉丝维度

直播间选品要以粉丝画像、粉丝需求为导向。

其就是透过粉丝画像找到与之高度契合的商品，要弄明白——

你的产品打算卖给谁?

买你产品的人有什么特点?

你的产品能解决哪些人的痛点?

需要你产品的人在哪里?

你的目标客户经济实力如何?

你通过什么方式能吸引他们?

通过分析粉丝的画像，了解粉丝是什么样的群体，在回答以上问题的同时，还原粉丝的购买需要和消费心理，才能精准地为粉丝提供他们需要的产品。

粉丝群体的性别、年龄段、地域、职业、爱好等因素会直接影响他们对产品品类的偏好，因此掌握粉丝群体的特质，进而确定选品的标准和范围，是不容忽视的重要环节。

各大自媒体平台运营后台基本都有关于粉丝的画像数据。平台不同，粉丝画像也不相同，但其分析的角度大致是相同的，通常可从以下几个方面进行。

第一，性别比例。

从性别比例（图3-1）可知晓直播的内容更吸引哪一类人群。如果男性粉丝居多，那就要多提供男性美妆产品，但男性消费能力通常要低于女性；如果女性粉丝居多，则要做女性美妆产品。

第二，年龄段的分布。

从年龄段的分布图可看出相应自媒体的内容会比较吸引哪个年龄段的人。分析该年龄段的人的特征，分析该年龄段的人对什么样的内容和产品更感兴趣，根据这些情况进行内容布局和挑选直播带货产品。

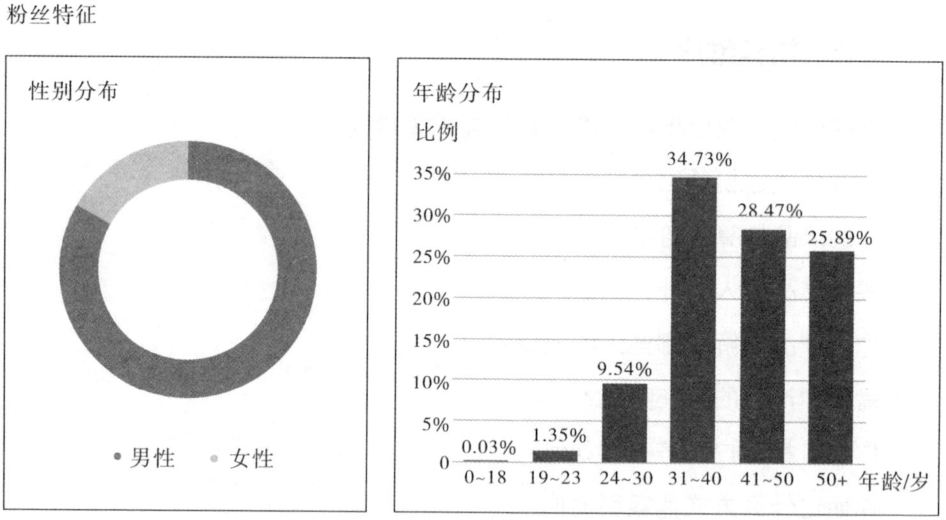

图 3-1　头条号粉丝画像之性别、年龄分布

如果粉丝中23岁以下的人群较多，则粉丝的群体消费能力低，推荐品类以低客单价为主（100元以内）；如果粉丝的年龄主要在24～35岁，粉丝消

费能力较强，易冲动消费，推荐高低客单价相结合售卖；如果粉丝中36岁以上的人较多，则此部分用户不易冲动消费，对产品品质要求较高，主播要有一定的专业领域知识，商品方面要突出性价比和品质。

第三，地域分布。

粉丝的行为有时候带有很强的地域属性（图3-2），地域属性包括粉丝所在的城市、粉丝所处的社区或粉丝的一些行进路径等。不同地域的人往往有着不同的消费习惯。

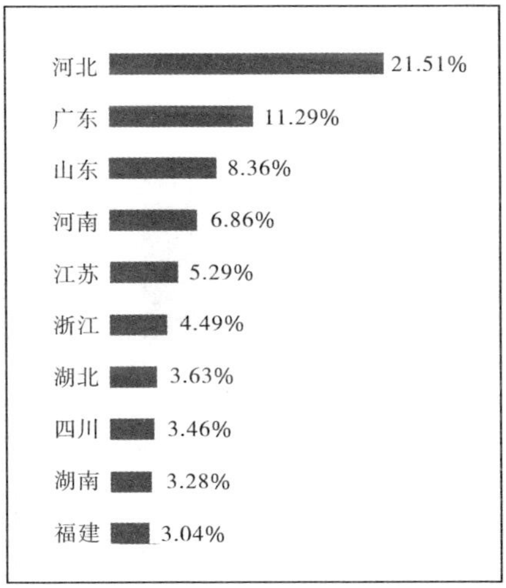

图 3-2　头条号粉丝画像之地域分布

以京沪穗三地为例，由于气候的不同，每个城市的消费者对美妆产品都有不同的偏好：北京地区的消费者更关注色斑淡化或遮盖，上海地区的消费者更关注去黑头，广州地区的消费者更关注祛痘。

第四，活跃时间。

粉丝的活跃时间对我们发布内容、进行直播带货有着重要的指导作用，在粉丝集中的活跃时间段来进行内容发布和直播带货，才能被更多的粉丝看到。

第五，终端分布。

终端，这里指粉丝使用的终端设备。有些平台提供的是粉丝所用终端设备的价格区间数据（图3–3），有些平台则提供相应的品牌数据，即苹果、华为、OPPO、VIVO等终端设备品牌，通过这些机型的价格和品牌特征，可以判断粉丝的经济实力。

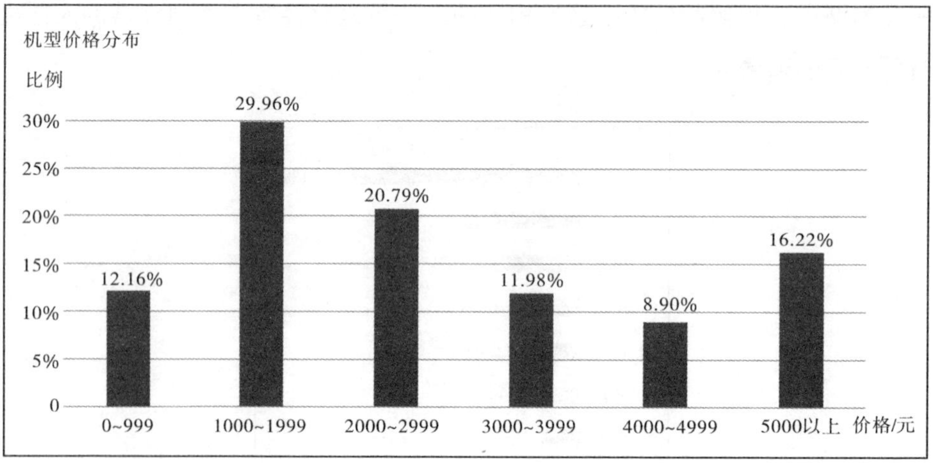

图 3–3　头条号粉丝画像之机型价格分布

举例来说，国外高端化妆品牌，受众大部分是追求品质、能够接受较高价格的粉丝。如果粉丝群体使用的多是低端机，则高端化妆品不宜在选品范围内，可选择一些经济实惠的国产品牌。

第六，行为特征。

不同粉丝有不同的行为路径和行为倾向，比如活跃时间、活跃天数、阅读路径、阅读喜好、关注主播等。

分析以上粉丝画像特征，可以做到“知己知彼，百战不殆”，商家才可以选择更适合自己产品特征的主播来直播带货，主播也可以根据粉丝画像来选择更适合粉丝的直播产品，提高直播带货成功率。

（3）账号维度

账号维度即主播账号的内容垂直度。如果主播是内容垂直达人，可以先做与账号定位相关的垂直领域产品，熟练之后再去拓展其他类目产品。如果主播本身就是美妆领域的垂直达人，直接匹配相应的美妆产品即可。

如果主播是非专业领域的泛娱乐达人，可以先选择达人擅长或喜欢的类目来匹配直播间的推荐产品；如果主播是无明显电商属性的达人，可依照粉丝画像选品。如果女粉丝多，可以选择美妆、服饰、居家用品、美食等。例如，抖音主播“河南你华哥李妈妈”，平时输出搞笑家庭生活短视频，女粉丝较多，他们直播带货就是以美妆产品为主。

（4）数据维度

美妆产品选品不仅要靠直觉和经验，还要靠数据，做到数据化选品，要通过数据选出受粉丝喜欢的产品。可以通过蝉妈妈、抖查查、飞瓜等数据平台查看往期产品的数据，比如飞瓜数据就能统计到：直播带货中哪些产品的销量是最高的？哪些产品在直播的峰值阶段销量是最高的？哪些产品被用户点击的次数是最多的？

查看数据时，要注意区分真爆款和伪爆款，真爆款一般持续热销，而伪爆款则可能是某一种商品在某一天突然爆了，但是后面连续几天或者几个月反响平平。

我们可以先对这些数据做一个统计收集及分析，然后根据数据结果并结合自己的账号定位和粉丝需求来进行选品。

如果不会看数据的话，还有一种简单选品方法，即可以关注同行爆品，他们选什么商品你就选什么商品，因为他们测试过，相对而言试错成本比较低。

2. 美妆产品的主要进货渠道

需要自备货源的主播和商家都会涉及进货环节。美妆产品的进货渠道非常复杂，很多主播、商家、店铺都称自己是一手渠道货源，其实大多数不是真正的厂家直供、品牌直供。

通常，美妆产品销售都经由不同级别的经销商采购后，分销到各级市场，层层分销，层层加价。以YLS小金条口红为例：京东自营旗舰店售价为370元，该产品在国外大型贸易商处的采购价格为20多欧元，如果是品牌方直接供货的话，价格可以低至十几欧元，也就是100元人民币出头。

这就是不同进货渠道的商品价格有区别的原因。因此，找到尽可能低价的货源和进货渠道，是美妆产品在直播间形成价格优势的关键。

美妆产品常见的进货渠道主要有以下几个。

（1）品牌直供

品牌直供即从品牌方直接进货，这是价格最优的进货渠道，产品质量也能得到保证。但是门槛较高，首先要满足一定的进货量，具备代理公司资质以及分销渠道。除了极少部分头部主播和实力强大的供应链公司能够享受品牌直供货源外，一般的商家、主播和机构接触不到。

（2）批发商

批发商多是美妆产品经销商、贸易公司，他们凭借出货量、公司规模和渠道优势，可以直接对接各大品牌厂商，能够拿到一手优质货源和最优进货价格。

如果找不到一手直供货源，从批发商处进货也是不错的选择，尤其是本地批发商，可以实地考察、现场交流，不必担心产品质量和假货问题，当然，价格要高一些。

（3）经销商或代理商

一般美妆产品品牌在各地都有自己的代理商或经销商，他们会从线上线下分销给次级代理或者直接零售。进货时，要尽可能同更高级别的经销商或代理商对接，价格会便宜许多。

（4）网上供货商

网上美妆产品品牌众多，可供选择的大小供应商的范围更广，甚至可以直接找到品牌的经销商、一级代理商。线上竞争相对更大，具备一定的价格优势，但网上货源质量参差不齐，从网上进货需要注意筛选供应商，以保证货源的可靠性。

（5）免税店

目前，国内大部分代购的货源都来自免税店，比如韩国的新罗免税店、乐天免税店，提货不需要本人亲自去，可以要求直接发往香港，然后通过正规的公司清关缴税运回国内。但直发香港需要满足一定门槛，比如一单金额要达到1万美元以及账户等级足够高才可以发往香港，这种渠道并不适合中小主播和商家，一般大的直播带货团队才会选择这种采购模式。

（6）大客户批采

大客户批采即大客户批量采购，如果直播间的销量比较稳定，且走量较大，某几个品牌的产品销量比较固定，就可以通过批采的模式直接向品牌方或者专柜订货，直接跟对方谈价格，比如单笔订单满多少可以额外打折或者申请加赠品等。

（7）批发市场

对于自主散货主播和网店、实体店主播们而言，美妆产品进货渠道运用得最多的就是全国各大美妆产品批发市场。

基本上每个区域都会有自己的美妆产品批发市场（表3-1），因此在确定自己的产品定位后不妨去当地的美妆产品批发市场看看。看看有什么符合自己定位的彩妆、护肤品。不过去批发市场进货必须具备分辨美妆产品真假的能力，进货之前先把功课做足。

表3-1　十大美妆产品批发市场

市场名称	介绍
广州美博城	国内美妆产品批发一手货源大多来自广州，其中最有名的莫过于广州美博城。这里是亚洲地区最先进、档次最高、规模最大的美妆产品展示交易中心，占地约4万平方米，建筑面积达到11万平方米，拥有超过1000个商铺，是国内美容美发化妆品批发市场重要贸易基地，每年总交易额占全国四成以上
兴发广场	兴发广场也是广州有名的美妆产品批发城之一，商城占地8万平方米，营业面积9万平方米，共有商铺1500个，年销售商品超10万吨，销售额近60亿元
明通化妆品市场	明通化妆品市场位于深圳华强北，是我国最大的进口美妆产品批发市场，入驻商户2000多家，商品主要来自韩国，少部分来自日本、欧美等，以化妆品、医美药品、食品、保健品为主。由于价格便宜，产品齐全，该市场是国内中小代购和零售商选购进口免税品的首站
义乌小商品市场	作为全球最大的小商品集散中心，义乌小商品市场也是许多商户的美妆产品进货渠道，其由5个营业区和周边专业街组成，共有500多家经营户，营业面积1.5万多平方米，主要经营品种有彩妆用品、护肤用品、洗涤用品等，商品辐射全国，是我国规模较大的美妆产品市场之一
临沂批发市场	临沂批发市场是中国最早创办的专业批发市场之一和全国最大的商品集散地之一，另外，兰田化妆品市场也自处其中，位于水田路东段，处于临沂市批发城中心位置，主要经营各类洗涤用品、日用化妆品等产品，设有房间摊位近千个，货源来自全国各地
六渡桥化妆品批发市场	六渡桥化妆品批发市场位于武汉，是华中地区最大的美妆产品集散枢纽，云集了华中地区最有实力的美容美发用品的厂商和代理商，汇集了全国美容美妆产品、美发用品的多种优秀品牌，以及来自日本、韩国、法国、比利时、美国等多国的美妆用品

（续表）

市场名称	介绍
成都荷花池批发市场	成都荷花池批发市场是一个大型综合批发市场，其规模、效益均居我国西部集贸市场之首，长期位居全国百强集贸市场前列，共有5个市场，分别是蓝光金荷花市场、盛世荷花市场、大成市场、大正市场和荷花金池市场，主营商品包括服装、百货、纺织、皮鞋、玩具和美妆产品等12个种类。其中，美妆产品批发档口集中在蓝光金荷花美博城，是四川美容院护肤品批发的聚集地
西安护肤品批发市场	西安护肤品批发市场是西安第一个真正意义上的日化用品专业商城，作为西安乃至西北地区日化用品的集散地，商场经营各类中高低档美容美发美妆用品。营业面积1.6万平方米，入驻商户200余户，经营品种和市场规模在西北地区颇具影响力
兰州鱼池口品牌小商品批发广场	兰州鱼池口品牌小商品批发广场位于兰州，是西北地区大型的美妆产品批发城之一，业务辐射西藏、青海、新疆、内蒙古、宁夏，市场共设有9栋共320套商铺和一座3500平方米的仓库。聚集了东部经济圈极具影响力的近万种全国乃至世界知名品牌的美妆产品、文化体育用品、小百货、工艺品
哈尔滨娇龙化妆品商城	哈尔滨娇龙化妆品商城建于1995年，前身是哈尔滨化妆品玩具批发市场，营业面积有1万多平方米，在商城周边街道也有不少店铺，涵盖护肤、彩妆、面膜、洗护、美甲、美容美发、化妆工具等方面1000多个品牌，是东北商家必去的美妆产品批发市场之一

3. 如何进货和鉴别国外美妆产品

美妆产品一线大牌多是国外品牌，例如Dior、香奈儿、纪梵希、LA MER、雅诗兰黛等，这些品牌知名度高、消费者认同度高，利润率也高，如果能拿到正规货源到直播间销售，会形成普通直播间所不具备的产品优势和竞争优势。

（1）美妆产品进口渠道

美妆产品进口渠道主要有两种。

第一，一般贸易进口。

一般贸易进口渠道又分为两种。

第一种是中国境内有进口经营权的企业，将美妆产品经海关批准走正规流程报关入境，然后贴上中文标签在国内销售。

需要注意的是，只有具备相应进口经营权的企业才能进口美妆产品，而且所有进口普通美妆产品必须向国家药品监督管理局（下文简称国家药监局）或下放的省局备案，特殊美妆产品（无论是国产还是进口）则需在国家药监局注册。

进口普通美妆产品的备案流程为：境内责任人申请备案账户和检验账户→送检资料准备→检验→整理备案资料→国家药监局或下放的省局审核通过发放备案凭证（后期会有技术评审）→产品进口。

进口特殊美妆产品的注册流程为：在华申报责任单位备案和申请检验账户→送检资料准备→检验→整理注册资料→国家药监局受理→专家评审→下发批件→产品进口。

第二种是国外品牌在国内代加工厂生产或者罐装的，同样会贴上中文标签。

例如，Dior、香奈儿、纪梵希、LA MER、雅诗兰黛等国际一线品牌目前在大多数国家有自己的直营店铺、专柜，按照亚、欧、非、拉美每个大洲统一售价，同时每个品牌在原产国有一些签约的经销商。这些经销商会把货品卖给国内的保税仓供应链或电商平台。

经销商把货品卖给电商平台，如天猫国际、考拉海购、小红书等，最后通过电商渠道把货卖给终端消费者，完成一个完整的常规链条。

其中，任何一个环节基本上都无法越过上一级，除非你的体量已经大于等于你的上级。

国外品牌的美妆产品，普通主播和商家很难拿到一手货源，尤其是知名品牌。因为品牌商有着很严谨的控价、控货体系，通常国内的商家也只能从不同级别的经销商那里采购而很难逾越，除非是体量、影响力达到一定临界点，拥有了同品牌商谈判的足够资本，比如李佳琦那样的头部主播和选品团队。

第二，跨境货源。

不管是个人出国代购（免税店、免税邮轮、折扣店等），还是通过全球购、海淘等方式购买回来的，或者是通过各种灰色渠道运送回国的货源，都可以称为跨境货源。

相比一般渠道，跨境货源的价格会更实惠，就好比代购的价格肯定会比国内的专柜低上许多。

跨境货源进口的美妆产品，要注意两个问题：

首先，判断跨境货源进口的美妆产品能否保证质量。因为上述渠道鱼龙混杂，需要具备较强的辨别能力。

其次，如果通过跨境货源购进的美妆产品需要上架天猫、京东、拼多多、抖音等大型线上平台，还是要选择一般贸易渠道的供应链，因为大型直播带货平台都需要提供产品进货凭证或品牌授权证明。

（2）如何鉴别进口美妆产品

美妆产品直播行业鱼龙混杂，有很多参与者并非美妆领域的专业人士，对美妆产品的真伪尤其是进口产品的真伪，往往难以鉴别。如果将假冒产品带入直播间，不仅会导致较大的经济损失，也会欺骗消费者，严重的还会涉嫌违法。

根据《消费品使用说明化妆品通用标签》规定："进口化妆品应标明原产国名、地区名（指我国台湾、香港、澳门）、制造者名称、地址或经销商、进口商、在华代理商在国内依法登记注册的名称和地址；进口化妆品应标明进口化妆品卫生批准文号、生产许可证在内的化妆品批号；化妆品的标签所用文字应是规范的汉字，可以同时使用汉语拼音或外文，但必须拼写正确；进口化妆品应同时使用规范的汉字标注各项内容。"

因此，对于进口美妆产品，可从以下几个方面去鉴别。

第一，看中文标签。

凡在中国境内销售的正规名牌进口美妆产品，均有相应的简体中文标签，一般会注明产品名称、生产商、制造商、地址、电话等相关资料。如果是外文或繁体字的就不是规范的标签。

第二，看外包装上有无卫生许可准字号。

正规名牌进口美妆产品外包装上必须有包括卫生许可证、生产许可证在内的美妆产品批号，某些品牌还贴有"中国检验检疫"字样的激光防伪标识，查看有无该标识。

第三，看生产日期批号。

正规名牌进口美妆产品拥有本品牌独有的、由数字和英文字母组成的生产日期批号，一般在外包装和产品瓶身均有钢印标识。个别品牌也采用印刷方式标明，相较而言，印刷质量高，字体清晰、颜色均匀。

第四，看有无生产日期。

我国禁止销售过期美妆产品，对于过期美妆产品只能销毁或者进行无害化技术处理，一旦使用过期美妆产品可能造成皮肤过敏、发红发痒、皮肤损伤甚至中毒。

部分渠道中的进口美妆产品可能没有生产日期和保质期。有些是过期产品，却在非法销售。美妆产品一旦过期，其颜色会发生变化，可能产生酸度或生成气体，液体可能浑浊不清，口红和膏体出现水滴或油滴，安全质量无保证。

第五，看包装是否正规。

假冒伪劣进口美妆产品往往没有正规的包装，内外包装较为粗糙，印刷内容不全，而且字迹模糊，有的外文有明显错误，印刷图案有明显色差和套色偏差。多数假冒伪劣美妆产品内容物气味异常，色泽不均匀，甚至出现霉斑，有些有沉淀物产生和液体浑浊分层现象。

第六，看是不是“三无”产品。

“三无”产品即无进口手续、无进口批文、无检验检疫证书的“三无”美妆产品。这些美妆产品有些属于走私商品，有些属于旅客携带入境拿到市场上销售的，此类美妆产品不仅逃漏了关税、未经过标签审核或没有进口批文，而且也未经过检验检疫，安全和质量都难以保证。

4. “白牌”美妆产品的发掘

“白牌”美妆产品，简单来讲就是指一些小厂商生产的没有牌子的商品。

正规的“白牌”美妆产品并非假冒伪劣产品，只是相对于知名品牌而言，它们缺乏品牌知名度和销售渠道，但是具备完整的厂家信息，各类资质证明和证书齐全，具备足够的生产能力，同时质量管控也到位。由于营销水平较弱，市场对“白牌”美妆产品的认知度不高。

直播电商时代，让在传统渠道很难突出重围的白牌美妆产品，也有了爆火的机会。

珂莱妮、Betty Bonnie、海兰朵，有没有听说过这些护肤品品牌?

实际上，这都是传统渠道中知名度很小的“白牌”美妆产品，但在抖音直播间却表现出色，完成了惊人的销售业绩。相关数据显示，在2021年抖音“双11”TOP10商家自播榜中，排名第一的美妆品牌是珂莱妮，超过了花西子、薇诺娜、珀莱雅，紧随其后的则是Betty Bonnie。飞瓜数据显示，近30天内（2021年“双

图 3-4　小菲菲和大冰冰的抖音账号主页

11”大促期间），珂莱妮月GMV达1亿元，而珂莱妮的创始人小菲菲和大冰冰（图3-4）也成为直播带货商品榜直播的主播。

2022年，在第一季度抖音美妆TOP10榜上，柯莱妮以2.23亿元的GMV，力压兰蔻、SK-Ⅱ、Ulike、韩束等国内外知名品牌，位列第六位（表3-2），吸金实力不容小觑。

表3-2　2022年第一季度抖音美妆带货榜TOP10

排名	品牌	销售额（GMV）
1	雅诗兰黛	3.91亿元
2	花西子	3.86亿元
3	WHOO/后	3.1亿元
4	雅萌	2.43亿元
5	珀莱雅	2.35亿元
6	柯莱妮	2.23亿元
7	兰蔻	2.07亿元
8	SK-Ⅱ	1.99亿元
9	Ulike	1.97亿元
10	韩束	1.85亿元

2020年8月，抖音电商发布“普通店品牌限售细则”，自8月25日起，对普通店（个体工商户类和普通企业店）经营的部分特定品牌，要求商家尽快获取相应的品牌授权。

细则要求，普通店需要商标持有人到开店主体的品牌/经销授权，要求授权链路完整即可，不限制授权层级。

抖音目前给出了2061个资格品牌，包括纪梵希、迪奥、宝洁、彩棠、参半、卡姿兰、相宜本草、适乐肤、露华浓、郁美净、美康粉黛、蓝月亮、超能、舒蕾、佳洁士等市面上比较知名的美妆品牌。

抖音同时强调，没有品牌资质的普通店商家，不允许售卖清单中的品牌商品，建议商家在2020年9月15日前进行下架处理。逾期未上传，将按“商家未按规则提交资质材料”细则，视情节严重程度，采取包括但不限于商品封禁、扣除违规积分、扣除保证金、店铺清退等处理措施。

该规定出台后，抖音上众多普通的美妆产品店家中，大部分显然是拿不到品牌授权的，怎么办？只有去销售2061个资格品牌以外的“白牌”产品，这恰恰是“白牌”美妆产品的机会。

走红于抖音直播间的“白牌”美妆产品，运营要点如下。

（1）较强的创始人IP属性

包括珂莱妮、Betty Bonnie、海兰朵在内的“抖品牌”有一个共同属性——产品直播高度依赖创始人，品牌具有较强的创始人IP属性，其核心主播就是品牌创始人，直播间销售额的90%以上由创始人创造。

图 3-5　兰姐的抖音账号主页

“白牌”美妆产品的创始人都自称资深业内人士，例如：小菲菲和大冰冰是珂莱妮护珂莱创始人，声称是8年美容院产品供应商；40岁左右的兰姐（图3-5）是海兰朵品牌的创始人，自称高级配方师，注重个人保养，经济条件优越，家庭和睦，经常在自己的居家豪宅里录短视频和直播；Betty Bonnie的创始人雅琴，则将自己定位为一个“专业护肤专家、自律的创业者、体贴的太太、暖心妈妈”。

尽管品牌创始人主播的粉丝量无法同头部网红相比，通常在百万级，但由于专业权威的外在形象包装，使得他们不仅拥有极高的粉丝黏性，而且其直播间的转化率也非常高，销量惊人。

（2）“白牌”美妆产品的用户群体

“白牌”美妆产品的用户群体和用户画像非常清晰：来自三线及三线以下城市，30～50岁的成熟女性，缺少护肤知识且有较强的护肤需求，具有较强的经济实力，不过对价格较为敏感。

随着年龄的增长，上述用户群体通常会遭遇皮肤松弛下垂后出现皱纹、衰老、长斑的问题，有强烈的护肤诉求，但市面上主打“淡斑”“抗纹”的护肤品相对较少，这块空白市场被“白牌”美妆品牌盯上，他们的产品定位十分明确，主打“淡斑”和“抗衰”，正契合大龄女性的需求。

另外，与年轻人相比，三、四线城市的大龄女性不是活跃的电商用户，缺少护肤的知识科普，但可支配收入相对较高，也是之前大火的微商护肤品牌的目标消费人群，通常只在淘宝旗舰店购买品牌护肤品，极少通过小红书、微博等平台去了解护肤品的功效。

正是下沉市场中的大龄女性消费群体成就了“白牌”美妆产品。

（3）集中于抖音平台

“白牌”美妆产品基本上是在抖音上走红的，只有少量存在于快手平台，比如在快手闷声赚大钱的朵拉朵尚和韩熙贞，这些品牌IP账号的粉丝画像同抖音基本一致，大多集中于三、四线城市的30～45岁中青年女性群体。

而在淘宝平台，珂莱妮等三家抖音“白牌”美妆品牌的搜索量非常低，同时在小红书、微博、知乎等其他社交平台，大多数用户没听说过这些品牌。

（4）主打利润款

在直播间，为了博取粉丝信任，珂莱妮等品牌主播标榜的是能和美容院对标的商品，并将其品牌产品和美容院同类产品作对比，以突出自有产品的性价比，引起粉丝的消费冲动。通常的达人直播和商家自播都是从秒杀款到常规款再到利润款，先选择低客单价、高性价比的引流品，把直播间的人气做上去，再上架主推的利润品。

但珂莱妮等品牌的直播间却把高客单价产品前置化，刚一开播便上架客单价很高的产品。以小菲菲和大冰冰的某场直播为例，开播不到10分钟就上架高达698元客单价的爆品美白淡黑面膜。高客单价品的成交能拉高直播间的UV值，能进一步拉升人气，短短20多分钟直播间的人数就从500人冲到4万人。

这种操作的优势是能够提高销售额和利润，而目标用户群体的购买力也能确保直播间的转化率。

（5）矩阵号高强度直播

高强度直播+矩阵号是抖音“白牌”的惯用打法，也是包括抖音另一“白牌”美妆产品FV（图3-6）在内的诸多品牌热卖的重要原因。

图3-6 抖音FV品牌官方旗舰店账号主页

在直播矩阵的布局上，FV采用的是自播模式，但账号定位为达人。FV在抖音共有十余个账号，其中@FV品牌官方旗舰店粉丝数量最多，达1155.3w，获赞2223.9w，@FV品牌鎏金换颜粉底液粉丝数最少，只有2354个粉丝。这种典型的腰尾部达人直播模式虽不能在数量上取胜，却赢在能精准捕捉受众。

在直播时间上，FV的直播间都挂着相同的文案——“直播时间：全天24小时直播，时刻与您相伴”。

FV的各矩阵账号会互相配合进行高强度直播。蝉妈妈数据显示，@FV品牌官方旗舰店在2022年9月某场的直播中，直播时长竟长达6天21小时53分。

通过以上分析，“白牌”美妆产品比较适合如下人群：

①“白牌”美妆厂家。但要具备进军直播电商的意愿、能力和团队。

②微商团队。即有过微商产品运营成功经验的团队，可借助白牌美妆产品将成功复制到抖音直播间。

③实力强大的直播带货团队。即有带货经验、有带货团队、有直播电商平台的头部账号或账号矩阵，就可以寻找“白牌”美妆产品厂家谈合作，进行包装后，拿到直播间进行销售。

④资深美妆达人。可借鉴珂莱妮 、Betty Bonnie、海兰朵的操作模式和成功经验。

5. 不可或缺的选品质检环节

2021年1月1日，《化妆品监督管理条例》（以下简称《条例》）正式实施，这是原卫生部颁布的《化妆品卫生监督条例》自1990年实施30多年来的首次全面修改。

《条例》的全面修改而不是修订，正是由于直播带货等各种新的美妆产品销售形式出现后，传统的监管手段已经无法适应产业发展的新形势。

国家药品监督管理局为加强美妆产品不良反应监测工作，于2022年10月1日正式施行《化妆品不良反应监测管理办法》。

美妆产品行业管理措施的密集出台，加大了对美妆产品直播带货的监管力度。正如上海市质检院院长季飞所言："如今无论是日化从业人士还是消费者，对美妆产品的要求以及质量安全的需求都越来越高，这意味着我们对美妆产品生产的管理，对美妆产品质量的要求都需要提高。"

违反上述管理条例和办法的美妆行业从业者，将面临如下处罚：

①没收违法所得、违法生产经营的美妆产品和专门用于违法生产经营的原料、包装材料、工具、设备等物品。

②罚款。

③停产停业、由备案部门取消备案或者由原发证部门吊销美妆产品许可证件。

④终身禁止其从事美妆产品生产经营活动。

⑤构成犯罪的，依法追究刑事责任。

因此，美妆产品直播电商行业从业者务必重视合规经营，重视选品过程中的质检环节。

美妆产品直播电商行业需要法律法规的约束。同时只有行业逐步规范化，才能让美妆产品直播电商更健康地发展。未来，质检团队或许会成为直播间的标配。

李佳琦团队历来注重选品质检工作。2021年3月11日，在上海举办的“新条例下直播电商的化妆品质控合规研讨会”上，李佳琦表示：“在我们确定要不要播这个产品之前，会做很多审查的工作，我觉得这给了我非常多的勇气，让我知道在直播间该说什么和不该说什么。我们也不断地去学习广告法以及产品质量法等，然后还请了很多专业的老师来到公司研讨，这样让我们选品变得更加有质量、更加高效，在直播中也不容易出错。”

从业多年，李佳琦先后试用过超10万件美妆产品，有媒体将他形容为“行走的美妆数据库”，进入李佳琦直播间的美妆产品都经过了一道道筛选，为消费者的购物选择做了严格把关。在直播间外，他也曾不止一次参与产品研发的全流程，而品牌方也非常信服他对于美妆的判断。

包括李佳琦在内的头部美妆产品主播团队的质检工作主要体现在以下几个方面。

（1）组建质检团队

直播产品的质检工作需由专人、专门团队负责。

2019年，李佳琦旗下的美ONE公司成立了QC质检团队。该团队有6人，以90后为主，团队成员具有生物化学、食品药品监督管理、材料学、纺织工程等专业知识背景，所有成员都是研究生以上学历，分别持有化学员分析证、ACI国际注册高级营养师、高级内审员证等证书。按照直播间产品品类，他们又分为美妆、食品、生活3个小组。质检团队在最终质检环节中的工作又细分为3个部分，层层把关，产品质检时间少则一天，多则一个月。质检团队对商品的生产、包装、卖点、运输等方面的检测都有很严格的标准。

李佳琦能成功，除了本人自身的积累、努力、勤奋，他背后的这支质检团队也功不可没。李佳琦表示：“这个（质检）团队给了我很大的勇气、很多的帮助。一些产品的功效，我们都会根据他们第三方质检报告的结果，然后再在直播间阐述，对消费者进行讲解。”

罗永浩的直播团队也非常重视质控环节。2020年12月15日，罗永浩在微博上发文称：“为了提升‘交个朋友’的直播间（图3-7）的产品质控能力，最大化保障消费者权益，不让造假商有可乘之机，‘交个朋友’直播间将成立质控实验室，以便建立更为严格的直播间上播商品质量管控体系，进一步杜绝假冒伪劣商品。”

淘宝主播“小小疯”（图3-8）也认为：“质检让选品变得更高效，

图 3-7 “交个朋友”的抖音直播间

图 3-8 “小小疯”的直播间

给买家最好的消费体验是至关重要的。”“小小疯”的直播团队拥有一套完整的选品质检体系，涵盖行业资质、口碑及相关质量检测证明等方面，由20～30人组成的试用团队进行试用，经过对产品进行优缺点两方面的评测，最终由选品助理及“小小疯”本人进行最终筛选，客观地选出适合销售的产品。

（2）完善质检流程

进入李佳琦直播间的产品，要经过如下流程：

第一，招商初筛。

由招商团队从品牌背书、店铺资质、商品基本卖点、价格等维度对产品进行预筛选。

第二，选品会。

由专业评审和大众评审在选品会上对产品的功能、功效形态、使用特点、试用感受等方面进行综合评判。

第三，终选会。

由李佳琦亲自坐镇，所有商品他都会亲自过一遍。

第四，最终质检。

产品通过选品流程后，专业的QC质检团队会安排一轮紧锣密鼓的商品质检，主要包括审核产品是否合规合法、品牌资质是否齐全，监测品牌和产品的舆情口碑，判断直播卖点话术的合规性，是否有夸张宣传的情况。

对于没有合作过的品牌，QC人员还会与专家一起前往品牌方的生产工厂，进行实地考察，查看工厂的相关资质和生产情况。

（3）非样品质检

在产品质检环节，大部分样品是品牌方特意提供的，很可能已经进行了层层质检，虽然在这种情况下样品没问题，但并不能保证消费者拿到的商品也没问题。如何解决这个问题呢？

李佳琦的质检团队，通常会安排一个神秘买家环节，即在不告知供应商的前提下，以普通消费者的身份在直播间下单购买，核对收到的产品是否和样品一致，以此来抽检产品质量。

罗永浩在微博上曾表示："同步购买直播间的商品，一旦发现实际收货产品和上播前送检的产品存在不一致，我们将第一时间主动查处问题。同时，我们还成立了跨部门的'客户卓越体验委员会'，这个组织将持续监察公司客诉和质量问题，不断迭代管控机制，升级管理流程，优化渠道合作伙伴管理机制和提高供应商准入门槛。"

（4）借助第三方机构

李佳琦说："我对每个走进直播间的产品的产品资质、产品特征、适用群体、使用方法都需要了解，并保持持续学习姿态，不断补充专业知识。"

为了弥补内部质检力量可能出现的疏漏，美ONE公司还分别签约上海市质检院和SGS公司作为权威的第三方机构，帮助公司做好质量管理和产品检测。

罗永浩的"交个朋友"直播间，也同国际知名的第三方专业检测机构SGS（通标标准技术服务公司）开展了合作，建立了业界领先的第三方检测认证机制。另外，为了监控产品质量问题，"交个朋友"直播间还会对在直播间上线的同批次产品进行存样留底，以实现专业化的产品质量监控，先期主要覆盖服饰、美妆等类目。

对于没有能力、精力组建质检团队的主播或商家，可从两个方面把控好质检工作：

①尽量选择一些成熟的美妆产品品牌，比如有线下渠道的品牌。

②学习美妆领域的相关法律法规，同时要关注政府或相关机构对美妆产品的抽检情况，这可以帮助过滤掉一些不合格的产品。

6. 直播间产品组合、定价、排品

经过选品环节层层筛选后即将进入直播间待售的产品，不能一股脑地进入直播间上架，还要做好产品组合、定价及排品工作，其中每一项工作都大有讲究，不可随意而为。

（1）引流款、爆款、利润款

从定位来划分，直播间产品一般分为引流款、爆款和利润款。

第一，引流款。

顾名思义，主要用途是为直播间引流，也常被称为福利款或者宠粉款。通常在直播前20分钟的热场活动中投放，以及配合直播期间的feed流投放。

引流款产品都具有超高性价比，常常以成本价甚至低于成本价的价格销售。

众所周知，直播时间越长，直播间粉丝的流失比例就越大。当发现直播间实时人数开始下降时，可以增加引流款的投放比例，并搭配整点抽奖等玩法来增加直播间的趣味性，延长粉丝的停留时间，增加直播间的人气。比如在李若彤的直播间中，在直播进行3小时后，直播间上架了一款19.9（元）的衣物养护剂，不但获得5.2万件的单品销量，还吸引了一波流量。

第二，爆款。

其也被称为跑量款，主要目的是直播间冲业绩。爆款产品作为直播间的主打款，讲解频次或讲解时长较高。同时，这些产品的价格要比引流款高，但能被大部分受众接受。

爆款还有一种类型是话题款，通常是指品牌货、联名款，或话题性的爆款、新品、明星同款等，能够让直播间的粉丝产生兴趣，同时也利于主播宣传。

爆款同引流款一样，也能有效增加直播间的人气。

第三，利润款。

获得利润是直播带货的最终目的，所以在直播间的产品组合中，利润款不可或缺。利润款产品一般品质较高，或者在产品卖点上有自己的独特之处，且粉丝对这类商品的价格敏感度不高。

借助引流款让直播间的人气提高到一定程度之后，就可以适时上架利润款，因为在直播间氛围良好、人气高的时候切入，趁热打铁，更容易实现成交转化。

通常，应当在直播间流量较高时推出爆款或利润款，能保证商品被更多的粉丝看到。同时，主播可以适当延长商品的讲解时间，反复强调产品的价格或活动，增加商品的转化率。

（2）产品定价法

产品定价的方法非常多，常用于直播间产品定价的方式主要有以下几种。

第一，锚点定价法。

价格锚点，即商品价格的对比标杆。

在消费者眼中，商品的价值都是相对的。某件商品究竟值不值那么多钱，其定价是否实惠，都需要一个可供参照的标准。价格锚点即商品设定的参照标准。

对于直播间的主打款产品，可以为其设定两个锚点，增加两款“陪跑”商品，一个定低价，另一个定高价，使主打产品价格居中。

锚点还可以是竞争对手的价格，比如在李佳琦的直播间，他们不仅会报出产品的原价，还会报出同款产品在“双11”“6·18”电商大促时的价格，然后对比给出直播间的售价，凸显优惠力度，从而使大家相信，主播主推的产品不仅是正品，而且是可遇不可求的“内部价”。

第二，要素对比定价法。

同样的产品比价格，同样的价格比质量。“好贵，好贵，产品好才贵”，对于价格高的直播产品，要设法给粉丝提供一个直观的要素对比表，使粉丝明白产品贵在何处，明明白白消费，心甘情愿下单。

例如，对于美妆产品，主播可以从原料、工艺、效果、质量标准等来说明高价产品的价值所在。当粉丝直观地看到产品细节差异时，才会倾向于购买“更好、更贵”的那款产品。

第三，组合定价法。

美妆产品，可根据粉丝的护肤步骤或化妆步骤，将“清洁+护肤+彩妆+卸妆”等一整套产品组合搭配销售，给出一个组合优惠价，实现一站式购买。

第四，买一发二（三）。

针对某款单品，如某款面膜或某款卸妆水等，常用的定价方式可以是“买一发二”“买一发三”。举例来说，卸妆水怎么卖？实体店69元、某宝同款售价59元的卸妆水，直播间活动价为39.9元买一发二、49.9元“买一发二+10个卸妆棉”。

第五，将错就错法。

有些主播非常实在，开始直接将产品的最终售价打在直播间，没有降价的幅度，也没有更多的优惠，最终只能让粉丝扫兴，失望而归。因此，主播要适当耍一些“花招”，学会“制造”超出粉丝预期的场景，让粉丝感到惊喜，才能刺激粉丝消费。

例如：一位主播秒杀一款防晒霜，预热播了5分钟，说的价格一直都是69元。助理上链接之后，下单的观众突然评论“怎么才59元”，主播惊讶道：“真的吗？算了，这是我们的错，就不再改了，大家赶紧去拍，商家价格设置错了，我给你们打掩护。”于是，该产品瞬间秒爆300单。

但究竟是真的将价格标错了还是故意标错，只有天知道。但不可否认，这种将错就错法的销售效果极佳。

（3）排品

排品即直播间待售产品的上架销售顺序安排。排品的基本策略为首先上福利款，然后是承接款（爆款），接着是利润款。

具体操作如下：直播前15分钟，可以先上两款低价福利款，吸引人气，待流量上升后，中间用爆款承接流量、稳定流量，最后直播间人气进一步稳定时，可以上利润款。

如果直播间的产品比较多，可以按“低—中—高—低—中—高［福利款—承接款（爆款）—利润款］”的顺序进行循环。

第四章

主播定位：因地制宜选择合适的主播

【本章关键问题】

· 直播销售员的就业前景如何？

· 常见的美妆产品主播类型有哪些？

· 各类主播的优缺点分别是什么？

· 如何寻找主播进行带货合作？

· 虚拟主播未来发展趋势如何？

1. 直播销售员：主播的正式职业称谓

2020年5月11日，人力资源和社会保障部拟在互联网营销师（表4-1）职业下增设直播销售员工种。

表4-1 互联网营销师的定义与工作任务

定义	在数字化信息平台上，运用网络的交互性与传播公信力，对企业产品进行多平台营销推广的人员
工作任务	（1）研究数字化平台的用户定位和运营方式。 （2）接受企业委托，对企业资质和产品质量等信息进行审核。 （3）选定相关产品，设计策划营销方案，制定佣金结算方式。 （4）搭建数字化营销场景，通过直播或短视频等形式对产品进行多平台营销推广。 （5）提升自身传播影响力，加强用户群体活跃度，促进产品从关注到购买的转化率。 （6）签订销售订单，结算销售货款。 （7）负责协调产品的售后服务。 （8）采集分析销售数据，对企业或产品提出优化性建议

2020年7月6日，人力资源和社会保障部、市场监管总局、国家统计局正式发布了直播销售员工种。至此，互联网营销师职业共分为选品员、直播销售员、视频创推员、平台管理员四个工种（表4-2）。

表4-2 互联网营销师的四大职业工种

工种	工作内容
选品员	负责产品选择、产品卖点提炼、商务谈判、在直播流程设计中参与实施管理的人员
直播销售员	通过各类直播平台进行品牌宣传、产品营销售等工作；需要有健康的个人形象、专业的沟通技巧和营销推广技巧；直接在各大直播平台进行品宣或销售，报酬直接与品宣效果或销售额挂钩
视频创推员	负责视频的选材、文案、混剪、核对和发布等工作

（续表）

工种	工作内容
平台管理员	与公司艺人、主播对接并配合执行日常工作安排；与客户及直播平台对接各类线上、线下广告及商务活动；参与新主播的招募、指导工作；进行艺人、主播的微博、粉丝群、贴吧等日常维护；主动提出、发现所负责主播在开播过程中需要改进的问题，尤其是新人主播在开播过程中遇到的各种各样的问题，并给出相对应的解决方案；主播日常直播中的监管和数据统计工作

直播销售员工种的发布，让直播带货主播有了正式的职业称谓，成了人力资源和社会保障部正式在列的工种。

（1）报考条件

直播销售员是一项综合能力很强的职业。一个优秀的直播销售员常常要单独面对线上数万甚至上百万的观众，需要实时与线上观众交流互动，因此需要很强的互动能力和灵活变通能力。

当前，社会上的主播基本上都是自发入驻的，没有职业资格证书。随着直播销售员职业的正式发布，未来，直播带货主播将能够持证上岗。

互联网营销师职业分为选品员、直播销售员、视频创推员、平台管理员4个工种。其中，选品员、直播销售员、视频创推员3个工种共设5个等级，分别为五级/初级工、四级/中级工、三级/高级工、二级/技师、一级/高级技师。平台管理员设3个等级，分别为五级/初级工、四级/中级工、三级/高级工。

其中互联网营销师（直播带货员方向）的报考条件如下所述（表4-3）：

表4-3　互联网营销师（直播带货员方向）的报考条件

级别	报考条件
五级/初级工	（1）基本文化程度：初中毕业（或相当文化程度）。 （2）累计从事本职业或相关职业1年（含）以上。 （3）本职业或相关职业学徒期满

（续表）

级别	报考条件
四级/中级工	（1）取得本职业或相关职业五级／初级工职业资格证书（技能等级证书）后，累计从事本职业或相关职业工作2年（含）以上。 （2）累计从事本职业或相关职业工作4年（含）以上。 （3）取得技工学校本专业或相关专业毕业证书（含尚未取得毕业证书的在校应届毕业生）；或取得经评估论证、以中级技能为培养目标的中等及以上职业学校本专业或相关专业毕业证书（含尚未取得毕业证书的在校应届毕业生）
三级/高级工	（1）取得本职业或相关职业四级／中级工职业资格证书（技能等级证书）后，累计从事本职业或相关职业工作3年（含）以上。 （2）取得本职业或相关职业四级／中级工职业资格证书（技能等级证书），并具有高级技工学校、技师学院毕业证书（含尚未取得毕业证书的在校应届毕业生）；或取得本职业或相关职业四级／中级工职业资格证书（技能等级证书），并具有经评估论证、以高级技能为培养目标的高等职业学校本专业或相关专业毕业证书（含尚未取得毕业证书的在校应届毕业生）。 （3）具有大专及以上本专业或相关专业毕业证书，并取得本职业或相关职业四级／中级工职业资格证书（技能等级证书）后，累计从事本职业或相关职业工作2年（含）以上
二级/技师	（1）取得本职业或相关职业三级／高级工职业资格证书（技能等级证书）后，累计从事本职业或相关职业工作3年（含）以上。 （2）取得本职业或相关职业三级／高级工职业资格证书（技能等级证书）的高级技工学校、技师学院毕业生，累计从事本职业或相关职业工作3年（含）以上；或取得本职业或相关职业预备技师证书的技师学院毕业生，累计从事本职业或相关职业工作2年（含）以上
一级/高级技师	取得本职业或相关职业二级／技师职业资格证书（技能等级证书）后，累计从事本职业或相关职业工作4年（含）以上

（2）职业前景

直播电商的火热，让主播和直播相关职位成为近几年的热门招聘岗位。智联招聘携手淘榜单共同发布的《2021年直播产业人才报告》显示，直播行业对求职者的吸引力持续增强，大量销售与运营人才开始奔赴直播行业。

智联招聘数据显示，2021年第三季度，直播行业大学生求职人数同比增加69.52%，高于行业总体求职人数增幅的46.69%。

直播相关岗位的薪酬也在持续增长。2021年第三季度，直播相关岗位平均薪酬同比上涨10.78%，达到10448元，突破“万元大关”。其中，直播产品开发岗位平均薪酬最高，达26372元。直播教师、视频主播、直播商务岗位平均薪酬也突破1万元。

另外，值得注意的是，看似承担电商直播幕后工作的岗位，如“直播运营”和“直播策划”的薪酬并不低。相关报告显示，46%的直播运营月薪超过3万元。而直播控场和主播助理相对而言工作内容更基础，因此薪资水平较低，月薪在1万元以下的岗位比例分别为63%和78%。

主播的带货能力和薪酬是其人设、知识储备、商品讲解、控场、沟通互动和销售等综合能力的反映，薪资水平与经验和业绩强相关。65%的应届毕业生主播月薪不到1万元。积累了1～3年的经验后，主播薪资上涨明显，57%的从业者月薪为1万～3万元，10%的主播能突破3万元。拥有3～5年经验的主播中，月薪超过3万元的比例提高到21%，工作经验为5～10年的主播中月薪超过3万元的比例进一步增长至35%，其中，部分资深主播月均收入可超过5万元。

可以预见的是，随着直播电商行业的进一步发展，包括主播在内的相关岗位需求会进一步扩大。同时，直播行业在为求职者带来更多岗位机会和更高薪酬的同时，对于直播人才的要求也在逐步提高，“高学历”将会是未来发展的态势。

2. 明星主播：精选流量明星助力推广

2021年“双11”，香港影星张柏芝（图4-1）在抖音直播间首秀，先后有超过100万人涌进她的直播间，甚至导致抖音服务器一度瘫痪，两场直播下来总GMV高达1.3亿元。

在直播带货的过程中，张柏芝的普通话一般，而且对产品的了解也不是十分全面，专业的讲解部分全靠合作的主播来完成。尽管如此，在张柏芝的流量效应下，直播间的产品几乎都是刚上架就被抢购一空。其中，直播单品销售额TOP5中有3个都是美妆产品，也比较符合张柏芝的“女神”形象。

图 4-1　张柏芝的抖音账号主页

2022年1月14日，泳坛明星孙杨前往三亚某美妆店带货，直播间的产品都是价位在600～1000元的高档女性护肤品。孙杨的直播表现非常专业，对产品了如指掌，试用手法也非常内行。由于知名度高，自带流量的孙杨很快就冲到了带货榜首，很多产品都被抢空，最终实现了1200万元的销售额。

2022年10月13日，时隔一年，

张柏芝再次重返抖音直播间，开启又一场带货之旅。相关数据显示，张柏芝在10月13日共开播4场，直播间累计观看人次达7165.8万，总成交额破1亿元，稳居抖音直播带货榜第一名。

依托于自身流量基础的庞大和明星效应，包括张柏芝和孙杨在内的众多明星（歌手、演员、主持人、体育明星等）纷纷转战直播间，进入新零售市场分割蛋糕，而其中有80%的明星都涌进了美妆产品直播间当起了美妆产品主播。

为何明星们都纷纷走进直播间?

首先，人们对网红的观念正在逐渐转变，尤其是随着网红具备越来越强的引流能力和直播带货能力，很多明星不再认为做直播是“自降身份”。

其次，受疫情影响，国内影视娱乐行业总体低迷，明星们也需要寻找一个新的曝光窗口和变现窗口来缓解人气危机和收入危机。例如，一位童星出身的年轻演员曾经在10分钟卖出2万单洗发水，创造了200万元的销售额，销售抽成20万元。

最后，则是各大网络平台的积极推进和极力邀请。国内电商平台和短视频平台都有各自的直播版图规划，其版图的实现需要借力各领域明星。因此，明星们在现实利益的驱使下，同网络平台一拍即合，纷纷加入各大平台的直播阵营。

在直播带货风口之下，明星们迎来新机遇。然而，与此同时，明星参与直播带货也并非一播就灵，不同明星直播带货的效果反差巨大，对明星主播一定要辩证看待，选用时要慎之又慎。

（1）明星主播带货优势

在《淘宝直播2021年度报告》中，将主播身份划分为6类，明星、主持人位列其中，标注优势为有一定知名度、流量资源丰富、品牌认可度高。

对于平台来说，明星的直播带货能力比普通KOL、KOC强很多，镜头表演能力也高于普通人，对内容生态是正面的影响。

同时，相比于扶持普通人，扶持明星主播是快速筛选出头部主播的重要方式，对于平台来说有长期价值。

因为，与素人主播相比，明星自带粉丝和流量，可以更快地跳过培养信任感和认同感的过程，迅速拉近与消费者之间的距离。

著名财经作家吴晓波曾经这样描述明星直播的业态：明星做直播，是两个脉冲的叠加。第一个脉冲是直播电商所带来的瞬间直播场观流量，这是直播电商自身的属性，第二个脉冲是明星自身的流量。所以，明星做直播和其他人做直播，所产生的瞬间场观人数完全不在一个等量级，它是两大脉冲聚合的结果。

因此，明星直播带货有着天然的优势。事实上，明星的直播带货能力也确实不容小觑。根据飞瓜数据，在2021年10月抖音直播带货主播榜上，TOP20里有4位明星主播，其中，贾乃亮开播6场，销售额4.12亿元，位列第二；朱梓骁开播23场，销售额2.9亿元，位列第四。在2021年淘宝直播“双11”预售榜上，林依轮、胡可跻身TOP10。在快手平台，2021年“11·6”大促期间，黄子韬、李晨、王耀庆等数十位明星接连开启直播模式，黄子韬直播带货首秀GMV即达2.3亿元，创下明星直播带货单场GMV的最高纪录。

（2）明星主播直播带货的风险

表面看起来，明星、名人凭借自己的影响力和庞大的粉丝基础，即使在直播间表现得不如专业主播，应该也会有不错的直播带货业绩。但事实上，并不是所有明星、名人直播带货都能成功，都能顺顺利利的。

例如，老戏骨张晨光直播带货被观众吐槽“晚节不保”，直接在直播间抹眼泪；一位女歌手直播卖美妆产品，在线观看人数近90万，却只卖出不到2000元；还有商家称，花了80万元请一位中年女星卖美妆产品，最终销量却是零。

其原因一方面是演艺明星一波波地涌入直播带货赛道，另一方面是部分明星的实际转化率并不高，甚至卖不到网红的零头。

显然，并不是所有的明星都适合直播带货，明星未必能给商家和品牌方带来可观的产品销量，对于明星主播直播带货的风险，务必要有一个清醒的认识。

（3）如何选择明星主播

明星究竟能不能带动货？答案当然是肯定的，前提是要选对人，并做好直播策划。

面朝科技CEO胡东发现，明星在抖音平台上直播的“翻车”现象最少，因为抖音在联合明星做直播时，对品牌/产品的选择、直播内容/形式的策划、用户需求/偏好的洞察等都有严格的标准和要求。经过深入分析之后，胡东认为，明星直播带货实则有一个公式可循，遵循该公式，往往能够大大提升直播带货的成功率。这一明星带货公式为：

成功的明星直播带货=契合的选品×有趣的直播内容×精准的用户洞察。

其中：

契合的选品指的是选择适合直播间销售的产品。

有趣的直播内容指明星在直播时的合理人设。

精准的用户洞察既指精准的用户流量获取，也包含深度的用户运营。

当同时满足以上三个要素时，明星主播才会在直播间爆发出惊人的乘数效应，而其中任何一个环节出现短板，都会对直播的效果造成巨大的影响。

另外，考察明星可从以下几个方面进行。

第一，考察过往直播带货成绩。

选择明星直播带货，要看其过往直播带货的成绩。能够稳定下来开播的明星主播具备更高的专业性。通过过往成绩，商家也能了解其大致转化率。一位业内人士表示：“（能稳定开播的明星主播）基本上不存在播了很多次却突然‘翻车’的情况。”

曾任淘宝直播负责人的俞峰（花名玄德）曾说：“明星是否能做好

直播，要看其背后是否有足够专业的团队，要看他的第100场直播是否成功。”

第二，考察所属机构。

据媒体报道，有80%的明星已经签约了专业的MCN机构。明星能否做好直播，在很大程度上取决于其所属的机构以及背后的团队。

从明星的角度看，爱惜羽翼的明星也会重点考察MCN机构，不会轻易做直播尝试。某MCN负责人表示：“明星会看你这个机构之前给谁做过，效果怎么样，商品怎么样，考虑的因素很多，跟以前不一样。”

目前开播的明星主播，大多有长期稳定合作的MCN机构，而表现出挑的明星主播，背后则更有头部MCN机构加持。

某业内人士提醒，当前商家找明星主播合作，也会看其背后签约的MCN机构，如果明星只签约很小的机构，需要谨慎，“很可能骗一个就跑”。

只有明星和MCN机构互相选择、互相成就，才能发挥最大价值。

第三，分析明星的粉丝画像。

结合明星的粉丝画像进行直播定位，才能收到更好的效果。

例如，一位和快手合作的MCN机构负责人提到，平台推荐给他的一个艺人，此前在一家直播电商平台的直播带货成绩不理想，他分析发现，其实当时是组品存在问题，用了太多低客单价的食品，“卖29块9的东西，卖1万单才有29万元的产出”。

后来，他们分析了该艺人的粉丝画像，女粉多、年龄在25岁到40岁之间，由此判断出客单价可控制在100元左右，所以特地多安排了爆品，而直播时，爆品也确实占据了整场销售额的60%。最终让该艺人直播带货成绩翻倍，艺人本人对于直播带货的信心也大增。

3. 网红主播：垂直网红匹配精准流量

网红，即网络红人（Influencer），也就是走红于网络的人。网红的产生不是自发的，而是在网络媒介环境下，网络推手、传统媒体以及受众心理需求等利益共同体综合作用下的结果。

在直播电商的风口下，大部分网红正积极向网红主播的方向转型，直播带货是网红最佳的变现窗口。

网红主播的直播带货能力相当惊人，以当今直播带货领域当之无愧的“一哥”李佳琦为例，其2022年1—4月直播带货销售额高达188亿元（表4-4），是第二名网红主播辛巴（带货金额为78.21亿元）的2.4倍，轻松坐拥直播带货主播榜首位置。

表4-4　2022年1—4月中国十大网红直播带货主播

排名	网红	带货金额	所属平台	详情
1	李佳琦	188亿元	淘宝	李佳琦是当之无愧的直播带货“一哥”，其销售额是第二名辛巴的2.4倍，这让他轻松坐拥直播带货主播榜首位置
2	辛巴	78.21亿元	快手	快手第一网红主播，全网凭借刷礼物成名第一人。2021年共开了614专场，单场交出15.36亿元销售额
3	雪梨_Cherir	58.49亿元	淘宝	2019年8月，雪梨第一次尝试进入直播行业，仅过去3年，雪梨就已经成为仅次于李佳琦的第二大淘宝主播，旗下公司还孵化出近300名网红
4	蛋蛋小朋友	52.8亿元	快手	辛巴的弟子，蛋蛋小朋友和辛巴垄断了快手粉丝榜前两名，为快手的两大招牌。2022年3月15日开播，仅半小时就突破了1亿元的销售额，当日，开播6小时，拿下3.2亿元的销售额

（续表）

排名	网红	带货金额	所属平台	详情
5	罗永浩	45.5亿元	抖音	2020年，罗永浩独家签约抖音，罗永浩旗下的“交个朋友”已经连续两年成为抖音第一大带货主播，成为抖音直播带货的名片
6	烈儿宝贝	38.75亿元	淘宝	淘宝头部主播，阿里巴巴脱贫攻坚公益主播，其单场最高销售额高达3.5亿元，仅用了6个小时。还曾多次登上央视直播带货，助力经济振兴
7	陈洁kiki	32.15亿元	淘宝	陈洁kiki于2016年直播带货风口正起时，开始直播，一直以幽默风趣、亲民形象广受粉丝喜爱，多次入选最火直播带货主播排行榜
8	散打哥	28.5亿元	快手	作为快手第三大网红，散打哥拥有5167万多粉丝，深耕快手平台8年，自创美妆品牌“美密玛”
9	瑜大公子	21.28亿元	快手	作为快手头部美妆博主，坐拥3534.6万粉丝，被平台授予2021年年度主播称号。瑜大公子直播带货的美妆品牌基本以国货大品牌和知名品牌为主，如韩束、欧诗曼、欧莱雅等
10	董先生珠宝	17.63亿元	抖音	2022年，董先生珠宝异军突起，首次进入直播带货榜前十。该账号目前拥有2849.9万粉丝，其在珠宝类拥有断层领先的直播带货能力。当然，这也跟董先生每日13个小时以上的直播带货时间密不可分

网红主播生态圈也适用“二八法则”，即直播带货业绩好、收入高的永远是头部20%左右的网红，而其余的网红主播大多直播带货能力一般。而且，网红的直播带货能力并不是由粉丝量决定的，拥有百万粉丝的主播，其带货能力未必强，而只有数千粉丝的主播，其卖货能力也有可能很强。但是，头部主播的报价往往非常高昂，例如，李佳琦的直播报价如下：

抖音原创视频发布价格约163.5万元/条。

全网平台合作打包价约300万元/次。

直播带货佣金为100万元＋国产品牌40%/国际品牌30%。

因此，商家在选择网红主播时，要在性价比上找到一个平衡点，务必擦亮眼睛，多维度考察，谨慎选用。

第一，看主播定位。

网红主播也有分类，有才艺主播、搞笑主播、情感主播、电商主播、三农主播、美食主播、旅游主播等。在选择主播时，要考虑其定位和自身产品的契合度，比如那些颜值高、善于跳舞唱歌的女主播，吸引的通常都是男性粉丝，如果让她们直播带货女性用品、美妆用品，大概率效果不佳。而诸多搞笑主播，或许对品牌曝光有帮助，但真要做销售，预计效果也不会太好。

第二，看主播是否专业。

主播的专业能力表现在具备相应的营销推广能力和促销带货能力。有很多主播，日常直播时讲段子、逗笑粉丝、喊麦等都能游刃有余，而一旦让他们直播带货，让他们去讲解具体的产品，却讲不出个一二三来，其直播带货能力当然值得怀疑。

一个真正专业的直播带货主播，不仅要善于学习关于产品的各项专业知识，熟练地掌握各项性能指标和使用方法、注意事项，还要懂得销售技巧、推销话术和消费心理，否则，就很难让消费者在直播间掏钱消费。

第三，看是否存在数据造假。

网络主播为了获得更高的对外合作报价和知名度，进行数据造假的不在少数，他们刷粉丝量、评论量、转发量、点赞量、浏览量、观看人数，而网上也有很多提供直播数据造假的服务商，他们不仅可提升直播间“转赞评”等各项数据，还可“代开直播间、推短视频上热门、改销量、处理中差评、升等级”，收费从几元至上万元不等，同时还能够帮助在直播间显示“某某进入直播间”“某某关注了主播”“某某正去购买”等提示，让直播间看上去很火爆，实现全流程造假。

网红进行粉丝、人气造假的不在少数，问题是他们的实际直播带货能力并不高，最终只会坑了商家。

因此，商家对于主播要学会透过现象看本质，要学会根据主播既往直播带货商品的品牌、销售数据、评价、口碑、网络负面文章等信息做出综合判断。

第四，进入直播间实地观察。

商家如果想找某个主播直播带货，最好自己先去其直播间观察了解一段时间。所谓实践出真知，经过多番实地观看、考察、对比，总能发现一些真真假假的东西，那些通过造假手段呈现出来的现象，总归会留下一些马脚，细心观察，是可以发现一些端倪的。

4. 达人主播：美妆领域的KOL

达人在网络中特指在某一领域非常专业、出类拔萃的人物，即某方面的高手、专业人士。比如，我们常常听到“旅游达人、恋爱达人、管理达人、数字达人、英语达人、美妆达人、穿搭达人”，就是指这些人在某方面很厉害的意思。在中文字典里，“达人”是指经过长年的锻炼，积累了丰富的经验，而得到某个领域真谛的人。

美妆领域的达人主播多是护肤、化妆、美容方面的达人（表4–5），他们拥有自己的自媒体账号，定期输出优质垂直内容，吸引了一批粉丝。在粉丝的眼里，他们是专业的，并有很大影响力。

表4–5　抖音平台十大美妆达人

排名	名称	粉丝量（截至2022年11月8日）/人	介绍
1	李佳琦Austin	4586.2万	知名电商主播，美ONE合伙人，涂口红世界纪录保持者，战胜马云的口红“一哥”（图4–2）
2	程十安an	2931万	以分享美妆教程为主，塑造出了一个比较专业、比较懂、能学到东西的靠谱美妆博主形象
3	骆王宇	2044.1万	知名美妆博主，为了避免粉丝踩雷，各种产品都会测评一番，曾连续4周位列“星图”种草榜榜首
4	我是张凯毅	1420.3万	知名时尚美妆博主，曾在小红书上分享美妆干货，挖掘小众宝藏，因为豪爽仗义的性格被很多网友称为“大哥”
5	豆豆_Babe	1360.5万	知名美妆博主，视频风格欢乐有趣，用接地气的语言分享实用的时尚美妆干货
6	仙姆SamChak	1274.5万	一名具有多年美妆经验，曾经进修于法国美妆学院的明星化妆师，视频内容以美妆教学为主

（续表）

排名	名称	粉丝量（截至2022年11月8日）/人	介绍
7	涂罗伊	966.5万	早期拍摄港风穿搭变装视频，“哈利·波特”魔法变装秀出圈后开始改变风格，凭借高超的仿妆技术火遍全网
8	呗呗兔	964.8万	抖音直播十佳好物推荐官，经常在社交平台分享美妆、穿搭技巧，积累了一定人气后开始转型做直播带货主播
9	深夜徐老师	909.6万	知名时尚美妆视频博主，“深夜发媸”创始人，专注于分享普通人的变美干货，常请专业美妆老师来教粉丝
10	勇仔leo	858.4万	凭借“反差色化妆”系列视频闯进用户视野，其中包括底妆、遮黑眼圈、修容、咬唇妆、纯欲妆等美妆技巧

从严格意义上讲，达人主播本身就是网红的一类，从属于网红主播，只不过达人主播所在领域更垂直、更专业。举个例子：靠美妆产品起家的李佳琦就是美妆达人主播，当然现在李佳琦的直播间已经不仅仅是直播带货美妆产品，而是全品类发展。而快手主播辛巴则是典型的网红主播，没有明显的垂直属性，直播间所带货品也是五花八门。

图 4-2　李佳琦的抖音账号主页

达人主播有一定的粉丝基础，大多没有自己的品牌，也没有供应链，靠跟各种品牌方合作来卖货，这也是直播电商最开始的一种形态。

（1）美妆达人类型

当前短视频平台上的美妆达人类型主

要有以下几类。

第一，美妆教学类。

美妆教学类，简称妆教类，即为粉丝提供美妆教学的主播，对达人的专业技术要求较高。达人想要脱颖而出，需要差异化的内容输出。

例如，抖音美妆达人“勇仔leo”曾凭借一条“反差色化妆”视频《底妆都不会画？这条视频，看一百遍！》（图4-3）横空而出，一周吸粉上百万，单条视频获赞171万以上。

该视频中，“勇仔leo”将蓝色、绿色、黄色、红色甚至是黑色等颜料加入化妆步骤，通过反差色对比放大了化妆细节，其独树一帜的视频风格，收获了许多粉丝。后来，勇仔leo还更新了很多类似的多个反差色妆教视频，树立了自己独特的账号IP属性，得到了粉丝的信赖和喜欢。

图 4-3 “勇仔 leo”的抖音视频

第二，成分剖析类。

这类达人以美妆产品成分作为首要研究对象。例如，带火了“刷酸”概念的“骆王宇”和“懂点成分”的“阿怀”（图4-4）；带火了“刷酶”概念的“苏大掌柜”；在化妆品研发中心工作多年、对美妆产品成分十分了解的大嘴博士，运用专业仪器剖析防晒霜、面膜等化妆品成分和作用的“老爸评测”等，都可以被归入这一类美妆达人中。

以阿怀为例：她的视频基本都是真人出镜，内容都是通过讲解产品理论来分享自己的护肤和美妆知识，同时不经意地插入各种美妆品牌的产品。2021年8月12日，只有100多万粉丝的阿怀曾创下6小时带货1.1亿元的纪录。

第三，种草、测评类。

种草、测评类达人的视频通常是真人出镜，通过自己使用产品的亲身体验，进行好物推荐、妆容教学等，为粉丝提供消费参考。

内容分享具有真实性，因此也更容易在粉丝和用户群里营造信任感。例如，美妆“咆哮”测评达人“我是张凯毅”就是凭借强烈的个人风格受到粉丝喜爱的。李佳琦也是种草类达人的翘楚，他从口红细分范畴切入，在直播间带货变现。

第四，剧情类。

这类达人擅长将美妆产品、内容深深植入日常、情感、职场、剧情中。例如“柚子cici酱”（图4-5）是一名做剧情美妆视频的达人，主打霸气侧漏

图 4-4 阿怀的抖音账号主页

图 4-5 “柚子 cici 酱”的抖音账号主页

的御姐，从情感、日常、职场塑造了柚总这个形象，粉丝数达1439万。

（2）美妆达人变现渠道

美妆达人（号）变现渠道主要有3种。

第一，广告。

通过接品牌方的广告单，将特定品牌的产品同视频内容相结合，以剧情植入、开箱晒单试色、干货测评、仿妆/主题妆容教学的方式进行植入，获得广告收入。

第二，开店。

达人主播还可以开店（淘宝店、线下店、抖音小店、快手小店等），通过账号为店铺引流变现，比如抖音美妆达人呗呗兔就有自己的淘宝同名店。

第三，电商带货。

美妆达人最主要的变现渠道就是直播带货。此外，中腰部以及以上的美妆达人会选择和品牌合作，可帮美妆品牌挂购物车，来收一定的服务费。部分尾部达人也会接受佣金分成，依据产品不同，分成比例为20%～50%。

（3）如何找达人主播

对于需要达人主播合作带货的商家，寻找达人的途径主要有3种。

第一，人工筛选。

人工筛选即在各大自媒体平台，搜索商家所在垂直类目的主播，逐一安排商务对接。但这种人力筛选，效率低、精准度也不高。不过，如果肯下苦功夫，总能找到匹配的主播。

第二，找MCN机构。

MCN机构是培养、输出网红和达人主播的重要来源，相较于人工筛选，与MCN机构合作可以更高效地找到匹配的主播。不过MCN机构会收取一定比例的佣金，成本相对较高。

第三，通过电商的精选联盟、巨量百应、商家后台等来找。

除了人工筛选和MCN机构，还可以借助抖音、快手等平台官方的力量。比如，主播可以通过精选联盟触达商家，商家可以通过后台来做定向招募，服务商则可以通过巨量百应来和机构建立联系。这种途径的优势在于可以实现精确推荐，帮助商家做高效且精准的投放。

5. 创始人主播：品牌自播的最佳代言人

2022年，在快手电商召开的引力大会上，快手推出了“大搞快品牌”的最新战略，倡导“实在人，实在货，实在价”的平台标准，同时宣布“快品牌百亿流量计划”，并对快品牌的门槛作出了明确界定：

第一，品牌正处于创立5年内的初创期。

第二，直播间自有品牌的GMV占比大于30%。

第三，直播间月均GMV大于200万元，以快手为核心经营渠道。

满足以上条件的新品牌，可以获得快品牌专项扶持，包括流量红利、政策红利、专属特权。

美妆品牌梦泉凭借其过硬的产品质量、良好的消费体验及较高的粉丝复购率，成功入选“快手百大快品牌”，成功获得了平台的流量红利。梦泉品牌创始人贺冬冬表示：“对于商家来说，成为快品牌在投产比上有更大的优势。我们平时做大场直播，至少有20%的费用花在购买流量上，如果有5个点的返点补贴，意味着我们买流量更便宜。而从用户的层面来看，贴上快品牌，代表平台的认可，也是一种信任资产。”

贺冬冬喜欢涂口红，也喜欢教其他女性用口红。贺冬冬的口头禅是“口红是上天赐给女人最好的礼物”。在公司内部，每一位梦泉员工都被要求涂口红，这不仅是一种生活态度、工作态度，也是一种对美的追求。贺冬冬梦想远大，她自称要“用40年的时间超越雅诗兰黛”“让中国女性的自信和美越来越被世界认知”。

2019年，梦泉正面临着有史以来最严重的企业生存危机——货品滞存、实体店关闭、缺乏新的经营思路等。面对企业的经营困局，贺冬冬决定转型直播电商，开始入驻快手平台，并以梦泉创始人的身份担任品牌主播

（图4-6），凭借在美妆领域的创业经验、丰富的知识储备、专业能力和个人魅力，仅仅用了3年，便在快手平台积累了2000多万粉丝，单场直播GMV超过1亿元，先后多次获得平台嘉奖，并荣获“实在好主播”“美妆人气主播”“美妆巅峰主播”“年度影响力主播”等奖项，成为快手平台的美妆超头部主播，是美妆直播电商领域的传奇女性，也是美妆品牌创始人主播的典型代表。

图 4-6　“贺冬冬 921”的抖音账号主页

没有人能够随随便便成功。贺冬冬深信这一点，亲自参与直播以来，整整3年，贺冬冬身兼梦泉品牌首席主播和公司CEO，除了处理公司事务外，几乎全年无休，每天早上七点开启直播，晚上七点下播，除去中间吃饭休息的时间，每天直播时长超10小时，风雨无阻。

贺冬冬常说：“如果你真的想成为一名优秀的主播，如果你真的想拿成绩，那么我要负责任地告诉你，你一定要经历过无数次的打磨和历练，甚至要扒好几层皮才能成长！”

同贺冬冬和梦泉品牌的轨迹几乎如出一辙，美妆品牌妮雅丝从传统电商平台华丽转身直播电商平台后，品牌创始人婷姐也选择在快手电商亲自直播（图4-7），开播不到3个月，累计涨粉就已达95万，快手自播单日最高GMV突破100万元。

图 4-7　“妮雅丝品牌创始人 – 婷姐”的快手账号主页

此外，在抖音平台上的很多白牌美妆品牌，诸如珂莱妮、Betty Bonnie、海兰朵等，也都是由品牌创始人亲自担任主播，他们是品牌自播的最佳代言人，也是最佳带货人。

可以预见，美妆品牌创始人、老板直播带货会成为美妆行业一种常规化的销售模式。

同时，品牌创始人参与直播带货更是疫情之下整个经济的缩影。

因为在疫情冲击下，不少公司的to C、to B类线下收入几乎归零，岌岌可危。对于企业来说，直播带货作为一种零成本的营销方式，能够将因疫情而封闭的销路打开。因此，无论是一线大牌还是中小品牌，都把直播带货作为自救武器。

除了直截了当地带动销售收入，刺激企业创始人加入直播战局的，还有直播带货本身的话题热度。网经社电子商务研究中心网络零售部主任、高级分析师莫岱青认为，直播电商、达人带货、网红爆款正在“二次爆发”，成为新的增长点，直播将成为电商、品牌、商家们的“标配”，直播渗透率在快速提升。商业触觉灵敏的企业家们，自然也不会放过这个机会。

品牌创始人甚至希望利用自己对品牌、产品的熟悉程度和行业影响力，让自己在某些时候变得比罗永浩、李佳琦等网红的直播带货能力更强，成为企业直播电商的领路人。所以，无论是被市场部强行推进直播间还是自告奋勇冲进直播间，越来越多的品牌创始人和企业高管，走进直播间亲自带货，并且这种现象成了行业趋势。

作为一家企业的掌门人，品牌创始人不仅了解自家的品牌、产品，而且对研发背后的故事、团队经历等更为熟悉，与产品有着天然的契合度。品牌创始人们频繁出镜，既是对产品能力的背书，也加强了品牌输出的能力。

因此，对于品牌创始人而言，参与直播固然能提升销售额，但绝不只是卖货，只抱着卖货想法的直播走不远。商业的本质才是王道，而品牌力就是商业的一个本质，品牌创始人参与直播带货是对企业品牌力的强化。

另外，客观来讲，由于品牌创始人要顾全大局，日常工作繁忙，偶尔站台直播间无可厚非，但大多并不适合常规性直播带货。当遇到关键时间节点或者重大事件，比如企业周年庆或“双11”“6·18”等电商大促时，可以考虑请品牌创始人们亲自上阵，但让他们参与常规直播带货很不现实。

品牌常态化的直播，需要更专业的全职主播去做。不过，美妆行业例外，如果品牌属于下列情况，那么，品牌创始人参与日常直播，或许性价比更高：

①以线上渠道、直播电商渠道为主要销售渠道的美妆品牌。

②品牌创始人有资深美妆领域经验和专业背景，形象气质一流，且口头表达力较强。

③公司内部由负责日常经营管理的合伙人、联合创始人或职业经理人打理，创始人就可以腾出时间和精力，投身到直播间，参与直播带货。

④网红、达人打造的美妆品牌。对于先有美妆头部账号、大量粉丝群体，再为直播间量身定做打造美妆品牌的主播而言，当然要以直播间为重，其他业务可以交于专人、团队打理，也可以外包给第三方工厂进行产品生产。

6. 虚拟主播：弥补真人主播的局限性

虚拟主播，正大举来袭。

2021年10月，一个名为“柳夜熙”（图4-8）的虚拟美妆主播搭乘元宇宙概念在短视频平台上仅凭两条短视频，即在短短数日内圈粉500余万，“炸”翻了短视频行业和直播行业。

其中一条视频内容为：一名虚拟形象的女子在街头当众化妆，路人纷纷驻足观看、拍照。一个小男孩壮着胆子走上前与女子搭话：“你在这里化这么丑的妆，是想吓人吗？”女子笑着解释，称自己化的是美妆，还用化妆笔为小男孩化上了眼妆：“现在，我看到的世界，你也能看到了。”随后，在小男孩眼中，街道上方开始闪现各路妖怪。一妖怪向男孩袭来时，女子迅速使用手中的化妆工具收服了妖怪，同时道出了自己的真实身份：“我，叫柳夜熙。”视频，在仙鹤图案和赛博朋克的荧光质感中戛然而止，留给观者无限的想象空间。

图 4-8 “柳夜熙”抖音发布的第一条视频

一个会捉妖的虚拟美妆达人横空出世。

2022年2月28日，京东美妆超级品类日高潮期开启，YSL、欧莱雅、OLAY、科颜氏等超过20个美妆大牌纷纷开启直播带货，让人耳目一新的是，这些直播间的主播并不是传统真人主播，而是虚拟主播“小美”。“小美”可以实现24小时不断线直播，全天候帮助粉丝随时随地发现美妆好物，而且具备专业的美妆知识和讲解技能，能够更好地为直播间的粉丝答疑解惑。

虚拟主播“小美”由京东美妆专门打造，是第三代“智慧型”仿真数字人。相对于声音死板、肢体动作僵硬的卡通或3D模型虚拟主播，“小美”能为粉丝带来如同真人主播般真实、流畅的直播体验。京东美妆还在对用户需求和痛点进行深入洞察与分析后，将信息植入直播话术库中，让虚拟直播的表现更加专业。

据悉，虚拟主播“小美”的五官形象由具有上亿参数的神经网络合成，嘴形也可以通过声音精确驱动，动作灵活流畅。在直播的过程中，“小美”的每帧画面均由 AI 生成，以手持产品的展现形式，配以真人语调的产品讲解，模拟试用，能带给粉丝更强的真实感和更佳的直播体验，直播间的粉丝能跟随“小美”一同进入五彩缤纷的美妆元世界。

那么，虚拟主播到底是什么呢?

首先我们要清楚虚拟人的概念。虚拟人指具有数字化外形的虚拟人物，依赖显示设备存在，拥有人的相貌、人的举止以及人的思想。比较知名的虚拟人有洛天依（B站虚拟主播）、柳夜熙、AYAYI等。

而虚拟主播属于服务型虚拟人的一种，其核心作用是能替代真人服务，完成内容生产以及一些简单的工作，降低已有服务型产业的成本。

目前，我们在各平台上看到的虚拟主播大致可以分为两种类型：纯AI虚拟主播和真人驱动类虚拟主播。

纯AI虚拟主播能够24小时不间断直播，成本较低，能有效降低品牌对于人力的依赖。但缺点也很明显，纯AI虚拟主播交互性较弱，只能回答提前预设的问题，引导下单的能力比不上真人主播。

因此，当前大部分品牌会选择在下午和凌晨后的冷门时段放置虚拟主播。

真人驱动类虚拟主播是由“虚拟形象”和幕后“中之人”组成的。所谓“中之人”驱动，即通过动作捕捉驱动，将真人的动作同步到虚拟人身上，进行配音和表演，达到实时互动的效果。

因此，真人驱动类虚拟主播在交互性上更优秀，但需要一定的技术门槛，成本较高。

除此之外，目前还流行用“真人 + 虚拟人”的组合模式。这类虚拟主播往往自带流量，已经形成一定的IP号召力，因此，“真人 + 虚拟人”的组合会起到1 + 1＞2的直播效果。

（1）虚拟主播的优势

虚拟主播有其独特优势，表现在以下几个方面。

第一，成本较低。

虚拟主播属于一次性投入。从长期来看，虚拟主播比真人主播的相对成本要低，虽然转化效果不如真人主播，但整体性价比要高。

第二，全天候直播。

和传统直播模式相比，只要有电、有网络，虚拟主播可以做到24小时、全年不间断直播，增加深夜等时间段的流量转化，全时段抢占沉淀流量，降低直播运营成本。真人长时间直播会感到疲劳，但是虚拟人完全不会，并且能长期坚持。

第三，人设稳定。

当品牌选择明星、网红主播进行直播带货时，就要承担人设可能崩塌的风险，过去几年代言人直播“翻车”的事件屡见不鲜。

而虚拟主播没有自主意识，可控性更强，人设不会崩塌，也不参与分成，更不会跳槽。

第四，趣味性强。

现在很多直播间的内容大同小异，根本谈不上趣味性。而虚拟直播带货这种新鲜的直播模式，场景变化灵活，直播趣味性强、形式多样，可以更好地吸引粉丝，尤其是对新奇事物接受度较高的Z世代粉丝。

（2）虚拟主播的不足

不过，需要注意的是，虚拟主播目前仍处于发展初期，尚存在诸多不完善之处。

第一，虚拟人价格相对高昂。

软件工具类的AI虚拟主播，成本相对便宜，在系统里自选开播形象，便可以进行模板化的虚拟直播，一个月花费几百元到上千元，但是效果很一般。

实时驱动的虚拟主播价格昂贵，从虚拟人的3D建模、骨骼绑定到直播时的实时渲染和语音生成，仅仅是三维虚拟形象技术费用就要几万元，甚至几十万元。

数据显示，目前品牌方寻求虚拟人付费代言合作的成本一般为数十万元。而制作一个自己的品牌虚拟人的市场价在50万到300万元，普通商家难以承受。

第二，技术尚不成熟。

当前，虚拟主播技术尚处于初级阶段，不够成熟，虚拟主播还不具备完全替代真人主播的能力，只能起到辅助作用。而且，虚拟主播在某些品类上的展现力远不如真人。比如服装类、美妆类产品，真人主播可以随时换衣服、上妆，真实展示产品效果，而虚拟主播就无法做到。

第三，转化率较低。

有数据表明，使用虚拟人直播带货，交互能力较差，无法及时准确地回答粉丝问题。很多虚拟主播也只是较为机械化地宣读产品卖点，神情动作十分有限，粉丝体验不甚理想，转化还未达到真人直播的平均水平，但鉴于其成本较低和不错的综合收益，也有很多商家愿意采用虚拟主播进行直播带货。

（3）虚拟主播的发展趋势

2021年堪称元宇宙元年，全球都迸发元宇宙热潮，游戏、社交网络、广告营销等领域都迈入“虚拟”蓝海。

元宇宙概念的横空出世为虚拟人的发展提供了契机，虚拟主播自然也被赋予了更多的价值和话题度。随着国内元宇宙的风口渐盛和直播需求的上升，虚拟主播步入了发展的快车道，成了直播带货的新趋势。

除了淘宝，B站也成了国内虚拟主播的聚集地。2021年，B站CEO陈睿在12周年庆上表示，过去一年共有超过32000名虚拟主播在B站开播，同比增长40%，虚拟主播已成为B站直播领域增长最快的主播类型。

此外，快手等平台也展开了虚拟主播方面的尝试。

2020年5月1日晚，淘宝直播间“天猫青年实验室”进行了一场充满二次元风格的电商直播，这场直播的主角是虚拟主播。当晚，国内最具知名度的二次元虚拟歌姬洛天依（图4-9）现身直播间，蓝衣、灰发、碧瞳的洛天依在直播间积极同粉丝互动，同时现身直播间的还有言和、乐正绫、乐正龙牙等5位虚拟偶像助阵，她们都是上海禾念旗下的虚拟歌姬，被称为“二次元虚拟偶像天团”。

数据显示，这场直播观看人数为213万。

2021年“双11”期间，快手官方

图 4-9　洛天依的 B 站主页

电商虚拟主播“关小芳”进行了直播首秀。

2022年4月，淘宝公布2022年直播营销三大发力方向，其中虚拟主播和3D场景备受瞩目。

整体来看，虚拟主播依然是直播行业的一个趋势。相较于真人主播来说，虚拟主播可以弥补真人主播在体力、可控性、孵化成本等方面的不足。目前，各大平台、品牌、基地等直播产业链各参与主体，都开始积极关注虚拟主播。

相关数据显示，2021年中国虚拟人整体市场规模达147.3亿元，预计2030年达到3095亿元，呈现强劲的增长态势。

当前，虚拟主播仍处在初步探索阶段，在运营模式、产业成熟度等方面，仍有很多不足。相信未来技术不断迭代进步，虚拟主播还有非常大的发展空间。

未来，随着人工智能技术、动捕技术的发展，在产业链各主体的关注参与下，虚拟直播前景可期。

第五章

吸粉引流：粉丝运营与引流技巧

【本章关键问题】

· 如何运营美妆自媒体账号？

· 直播间常见的涨粉技巧有哪些？

· 主播如何着手打造个人IP？

· 为何要打造账号矩阵？

· 如何提升粉丝黏性、打造粉丝社群？

· 主播的职业操守和行为规范有哪些？

1. 如何运营美妆自媒体账号

直播带货的基础是自媒体账号及其粉丝，除非是一些知名美妆品牌的官方账号或是明星主播，在得到各大平台优先流量倾斜的情况下，可利用其品牌、个人影响力快速吸粉，直接开启直播。

其他类型的主播，包括网红主播、达人主播、素人主播，都需要具备一定的粉丝基础，才能开启直播。素人主播也可以起号后即开启直播，边直播边涨粉，但其效果如何，可以预料。

我们看那些头部的网红主播、达人主播，无不是经过了一个较长时间的账号运营、内容输出、吸粉涨粉过程，先成为达人、网红之后，才有了在直播带货领域的一鸣惊人。

（1）围绕垂直领域输出内容

主播输出的内容越垂直越好，越垂直的内容，未来的变现价值越高。

抖音、西瓜视频、今日头条、快手等官方指导中也明确推荐新用户做垂直领域的内容，这样可以得到更多的推荐、获取更多的收益。

所谓垂直领域，通俗地讲，就是平台已经做好了搭建工作，各类自媒体主播只需要在平台分类出来的某个领域做深度挖掘和内容创作。换句话说，就是平台负责做大做强，自媒体负责做细做精。平台搭台，自媒体唱戏，唱出自己的特色与优势，才能吸引更多的粉丝关注。

美妆自媒体账号的细分垂直领域主要有美妆教学类、成分剖析类、种草/测评类、剧情类。要根据账号的垂直定位来输出内容。以美妆教学类为例，日常账号可以输出如下内容：

①与眼线、腮红、眉毛、眼影、口红等局部妆容相关的知识，科普各类

化妆小技巧，视频中展示美妆产品，以对比的形式呈现化妆前后的效果。

②热门仿妆、不同场景妆容，比如最近热门影视剧主角、流量明星、经典角色的妆容比较受粉丝欢迎，吸粉快，在化妆过程中可以适当介绍、种草所使用的美妆产品。

③妆容+发型搭配类内容，除了面部妆容，还可搭配发型与服装，以展示整体效果，如周末约会妆容、古风妆容、校园风、田园风、职场风等。

内容输出尽可能做到差异化，善于分析平台、市场上欠缺哪些内容，或者自己在内容创作上有哪些优势，将这些优势发掘出来，在内容上予以体现，才能做出更受欢迎的稀缺、差异、爆款的内容。

（2）根据粉丝画像输出内容

没有一个人能够统一美的标准。1000个人心中有1000个哈姆雷特。每个人对美的定义各不相同，由此会产生千千万万种不同的化妆风格，每一个化妆风格的细分领域都可以出现一个垂直细分的美妆博主。

因此，在输出内容时，还要结合粉丝画像的某些关键特征进行内容定位。就美妆粉丝而言，最核心的区分标准就是年龄，要结合粉丝的年龄层进行定位。

①青少年（17～24岁）。主要为高中生和大学生，她们需要的是化妆技巧和平价美妆产品推荐。比较喜欢的视频内容是妆容教程和美妆产品测评。例如，抖音美妆达人“辣辣来撸妆”就擅长做该类粉丝的“平价测评和种草”内容，非常适合带货平价美妆产品。

②职业女性（25～35岁）。有一定的经济实力，注重美妆产品的品质和质感，喜爱看测评拔草和种草各种好用的中等价位美妆产品方面的内容。抖音美妆播主“豆豆_Babe”（图5-1）就是针对该类粉丝进行分享，擅长做各种水乳、面膜、香水、护发等好物的测评，中间或夹杂着一些化妆技巧。

③家庭主妇（36～50岁）。同前两个阶段的女性相比，她们会更喜欢

从故事性强的视频中汲取一些关于美的内容。所以运用剧情类、故事类内容来向她们推荐产品，效果会更好。

（3）根据平台调性输出内容

自媒体账号既可以选择单平台布局，也可以选择多平台分发，但如果在某平台签了独家之后，就不允许再在其他平台发布同类内容了。

美妆类自媒体视频内容首选快手、抖音，也可以同步到B站、蘑菇街等平台，如果是图文内容，还可以投放到微博、小红书、微信公众号等平台。

要注意的是，各个平台的账号名称最好保持一致。

图 5-1 “豆豆 _Babe”的抖音账号主页

关于内容的呈现方式，需要根据不同平台的特点进行调试，因为每个平台的受众和对内容的偏好都不太一样。比如，我们做防晒产品题材的内容：微信公众号粉丝更习惯看图文内容，所以我们在微信公众号上可以采用图文的形式来分享干货；在微博上则可用短文配合精美的产品图片来布局内容，粉丝看到图片会受到强烈的视觉冲击，从而被种草；而在抖音、快手上，内容就要用短视频的形式加以呈现，能够更加轻松有趣地展现主播的个人魅力。

所以同样一个选题，不要用同一内容，而要把它做成个性化的能够适应不同平台粉丝的内容。

（4）持续输出优质内容

输出优质内容是吸粉的重中之重，持续输出优质内容则是对所有主播和自媒体账号的终极考验。

没有持续的优质内容作基础，就算靠各种方法吸引了粉丝，也很难留下粉丝，所以在内容为王的时代，优质内容是吸粉的根本。

内容必须有自己的核心竞争力，能够为粉丝带来一定的价值。内容价值与创作领域和创作者自身特点有关，主要表现在以下几个方面。

①娱乐价值：为粉丝提供娱乐享受。通过趣味、创意、好玩的内容为粉丝提供娱乐享受。

②情感价值：引发粉丝情感共鸣。能够调动粉丝或是悲伤，或是感动，或是开心的情感体验。

③实用价值：技能教学、经验分享、知识传播。通过技能教学、经验分享、知识传播等为粉丝的现实生活提供参考和借鉴。

④信息价值：满足粉丝的信息需求和好奇心。能够提供增益信息，告诉粉丝所不知道的信息，满足粉丝的信息需求和好奇心。

（5）增加账号权重

每个平台的自媒体账号都会有自己的权重，这是系统给出的评分。通常，权重越高，获得的推荐量就越大；反之，权重越低，推荐量就越小。权重对自媒体账号非常重要，那么如何增加账号的权重呢？

第一，持续发布内容。

持续发布内容，确保稳定的更新节奏，用心经营账号的主播会获得高权重、高推荐和较高的粉丝活跃度。

例如，美妆达人“认真少女_颜九”（图5-2）的账号，保持着1分钟短视频的日更速率，7分钟左右的长视频则是每周更新两个，内容的固定可持续输出能够使她维持粉丝的活跃度。

第二，发布高质量的内容。

高质量的内容不仅能为平台带来流量，也能提升平台在粉丝心中的品牌形象和档次。因此，高质量内容是一个账号得到高推荐的关键。

第三，禁发违规内容。

账号中一定不要有违规内容，譬如低俗、三观不正、负能量、违禁词等内容。

第四，提升账号垂直度。

账号垂直度越高，权重就越高，推荐量就越大。

第五，写好简介。

简介相当于门面，简介要让别人知道“你是谁、你要干什么、你能为别人带来什么”。

第六，不要频繁修改账号简介、昵称，删减内容。

图 5-2 “认真少女_颜九”的抖音账号主页

频繁修改账号简介、昵称，删减内容会降低账号权重。因此，一旦确定账号简介、昵称后，最好不要再修改。另外，如果内容本身没什么问题，最好不要作删改，除非有违规内容。

2. 边直播，边带货，边涨粉

“21世纪什么最贵？人才”这句影视剧中的名言，在直播电商领域已经演变为“21世纪什么最贵？流量和粉丝”。

如何往直播间引流？如何快速涨粉？这是主播们日思夜想的难题。边直播，边带货，边涨粉，这更是主播们期望的理想状态。

理想很丰满，现实很骨感。很多直播间都遇到过这样的问题：直播时直播间的人气挺高，粉丝也不少，但直播结束后，看数据复盘，却发现新增粉丝很少。

如何在直播中涨粉？有人对此一筹莫展，有人却玩得风生水起。

“瑜大公子”，本名周瑜，做过国有企业的礼仪和客户投诉方面的培训师、活动主持、平面模特等，是快手平台为数不多的美妆男博主。入驻快手平台后，“瑜大公子”仅仅用了8个月就将粉丝量从零做到了260万，截至2022年11月18日，其快手粉丝量已达3534.6万（图5-3）。

图 5-3 “瑜大公子”的快手账号主页

在账号开通的前六个月，“瑜大公了”涨粉速度一直很缓慢，但他坚持自己的定位和输出优质内容不动摇，直到6个月后，粉丝量才呈现爆发式增长。“瑜大公子”直播间的人气也是如此，开始直播时观看者寥寥，只有20余人，慢慢增长到60人、100人、1000人、3000人，后来为美妆品牌进行专场直播带货，直播间的人气能做到一两万，其粉丝量也在直播中不断攀升。

2020年3月，新榜联合快手电商举办了“快手电商掘金之旅”免费公开课，“瑜大公子”也在线分享了自己的直播涨粉经验。以下经验来自对“瑜大公子”公开课直播内容的整理：

第一，把好产品放在第一位。

“瑜大公子”一直以来秉承的理念都是把好产品放在第一位。“瑜大公子”相信好产品的过敏概率一定会比小作坊或者不知名的产品小。看过“瑜大公子”直播的粉丝应该都知道，“瑜大公子”会让粉丝在使用美妆产品前做一些敏感测试。

“瑜大公子”坚信一个道理——只有品牌产品才是值得推荐的，品牌的质量一定要有保障。我们直播带货要对得起自己的良心，给粉丝的产品质量必须是有保障的。“瑜大公子”有一些产品是不卖的，比如不能保证发货时间的产品、价格不合适的产品、功效夸张夸大的产品。

第二，好产品能够让人变美。

一些外在因素会刺激我们产生不同的审美观。但任何一个审美观都是希望自己变得更好看。

作为一个良心博主，要帮粉丝筛选产品。“瑜大公子”经常会试用一些产品，熟悉“瑜大公子”的粉丝都知道，“瑜大公子”不开美颜直播，这样能让粉丝看到正常的肤质情况。

第三，主播要有好心情（正能量）。

“瑜大公子”在直播间面对非议，只要没做错、不违背正常伦理，就不会把非议放在心上。因为好心情能够给自己带来一个好的面貌。

很多女生都会听过一句话：“爱笑的女生运气一定不会很差。”这不是迷信，而是微笑的力量。微笑可以拉近人与人之间的距离。

第四，带给粉丝福利优惠。

带给粉丝好的福利和优惠是“瑜大公子”对自己的一个要求。除了产品质量，“瑜大公子”会把售后放在第二位。

既然粉丝选择我们、信赖我们，我们就一定要想尽办法，帮助粉丝争取一些优惠福利。在账号前期运营过程中，肯定是无法盈利的。“瑜大公子”希望大家要放好心态。如果抱着盈利的状态去做，粉丝黏性不会太强，前期亏损可以拉近你和粉丝之间的关系。

比如，“瑜大公子”之前会自己出钱，把价格做下来，让粉丝体验产品。粉丝觉得产品好，便会复购。你要知道在粉丝没使用这个产品前，即使你吹得天花乱坠，也是没有任何意义的。

第五，实事求是地介绍产品。

要保持一个良好的心态去介绍产品。如果只是补水保湿，那就说是补水保湿，千万不要夸大产品功效，以免让粉丝失望。

有很多刚开始做主播的朋友会盲目夸大产品功效，其实这是没用的，踏踏实实地介绍产品的真实功效才是最有帮助的。

除了借鉴以上成功经验，还有一些直播间的涨粉技巧值得学习。

第一，保证直播频次，持续涨粉。

不管是做短视频更新还是做直播，都要保证频次，保持更新的频次和规律，才能持续涨粉，不然很容易被人忘记。

所以，尽量保证每天直播或者每周进行2～3次直播，每次直播的时间尽量一致。例如，每周一、三、五晚上八点准时开播，保持这个频次来直播，不仅可以持续涨粉，还有助于提升直播间的权重。

第二，主播要充满激情。

主播直播带货时要做到激情四射，让粉丝受到正向情绪的感染，影响粉丝关注、下单。千万不要态度敷衍、情绪低落，以完成任务的心态进行直播，干巴巴地介绍产品，不和粉丝互动，不去调节直播间的气氛，这样的话，粉丝必然没有参与感，直播间也没人气，更谈不上直播涨粉。

关于主播的直播情绪，“瑜大公子”这样建议：“开播前还要做一些情绪的准备。任何一个主播私底下可以非常沉默、冷静，但是开播后，情绪非常重要，没有一个人喜欢看你读新闻稿，要在直播过程中保持一定的激情。

即使你上播前一分钟在哭，上播后一定要是积极正能量的状态，不能把负面情绪传递给粉丝。保持良好的情绪，才能让粉丝跟着你走，才能吸引更多喜欢你的粉丝。”

第三，直播带货要保证产品质量。

最终支撑主播长期走下去、让粉丝对主播不离不弃的根源还在于产品。主播方要保证产品质量，产品质量有了保证，才能让粉丝留下来。

“扎黑家的小冠军”（图5-4）是快手电商万千美妆主播中的一员，于2019年开始做美妆直播带货。在不到2年的时间里，“扎黑家的小冠军”的粉丝飙升至566万，单场GMV突破200万元。从零粉丝账号做到500多万粉丝的头部美妆直播带货主播，“扎黑家的小冠军”最大的体会是：“无论怎么样，都要把粉丝和客户放在第一位。”

图 5-4 “扎黑家的小冠军”的快手账号主页

如何将粉丝放在第一位？首先要确保直播间产品的质量。刚开始直播时，“扎黑家的小冠军”没有粉丝基础，只是凭借自己对服装和美妆产品的兴趣和热爱，不断地向粉丝推荐优质的产品，并介绍自己独特的护理经验。随着直播经验的积累，“扎黑家的小冠军”的直播水准越来越高，吸引了大批“自来水”。她的大量粉丝都来自直播间关注，在短短不到2年的时间里，粉丝飙升至566万。目前她的平均月GMV可以达到1500万元。

为了确保产品品质，在选品上，“扎黑家的小冠军”青睐于成熟美妆品牌，因为成熟品牌有着更可靠的体验保障。此外，“扎黑家的小冠军”坚持所有的美妆品牌都要自己试用过后才推荐给粉丝，哪怕是一款卸妆水、卸妆棉，她觉得这样才能“讲出自己的真实感受，直播的时候心才比较踏实”。

第四，品牌自播有助于涨粉。

随着直播电商的发展，越来越多的美妆品牌从原本单一地找达人直播带货，发展为品牌自播与达人分销并行。

值得注意的是，品牌自播有利于沉淀品牌粉丝资产，帮助品牌在直播平台形成长期稳定的营销阵地，达人直播带货则可以帮助品牌拓展更加广泛的粉丝群体，提高知名度和覆盖度。

第五，尽量固定主播人选，不要随意更换。

主播就像是我们熟悉的品牌logo，粉丝会因为熟悉了logo而有亲切感和信任感。所以尽量不要随意更换主播，否则容易导致粉丝流失。

3. 塑造人设：打造主播的专属IP

2022年，美妆主播“苏大掌柜专业院线护肤”凭借“刷酶”概念火了。

“刷酶”是一种目前国内较为小众的美妆护肤理念，主要是以面膜的形式来进行皮肤管理，对自身皮肤中的酶进行激活，实现皮肤健康、亮白、净透、紧致等效果。目前“刷酶”这一概念尚未像“刷酸”“焕肤”等护肤方式那般流行，用户群体较小，相关达人账号粉丝体量也较小。

“苏大掌柜专业院线护肤”围绕“刷酶”概念布局视频内容（图5-5）：一种是其本人出镜，对一些护肤理念和“刷酶”相关的知识做科普；另一种则是为产品服务，展示一些用户的使用案例。

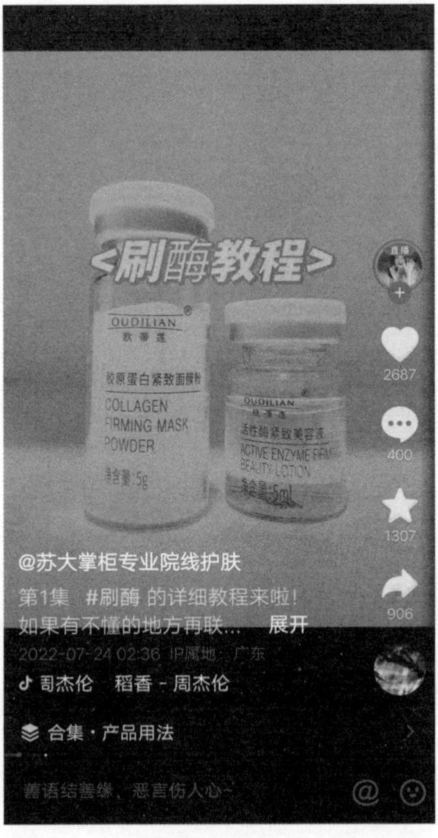

图5-5 “苏大掌柜专业院线护肤”的抖音短视频

“苏大掌柜专业院线护肤”账号中大部分视频的点赞量并不是很高，通常只有几百到一两千，其粉丝量也仅有42.5万。

但就是这样一个粉丝量和视频数据并不算特别出众的账号，其带货能力却非常惊人，“苏大掌柜专业院线护肤”在2022年3月至4月（当时粉丝量为16万左右）的带货业绩为：30天开播28场，累计观看人数突破110万，带货GMV达到了545.14万元。其直播间产品的价格区间集中在100～500元，最畅销的产品是一款售价399元的“刷酶”面膜，单品销售额就达到185.14万元。

在美妆领域，“刷酸”的概念相对更火，而“苏大掌柜专业院线护肤”凭借“刷酶”这一小众护肤概念来塑造了自己“刷酶”达人的专属人设，形成了自己的差异化IP，吸引特定粉丝群体，进行直播变现。

IP，英文全称为Intellectual Property，直译为知识产权。这里可以理解为个人品牌、个人形象及个人专属标签。个人IP，简单来说，就是一个人的言谈举止与行为的集合，是个人标签、人设的定位与塑造。你的IP品牌，就是别人对你的印象、信任与评价的总称。

在互联网时代，只有两种人，一种是有IP的人，另一种是没有IP的人。个人IP打造得好，名利双收；缺乏个人IP，可能举步维艰。

一个好的IP可以增强主播的辨识度，强化粉丝对主播的认知以及信任感。当主播被贴上标签，与标签融为一体时，主播便拥有了属于自己的IP。

当主播拥有了专属IP，不仅能更好地凭借差异化的IP圈粉，同时也能在直播带货中获得更高的信任度，取得更好的直播带货业绩。

直播电商本质上是一种基于内容（主播专属IP）的IP电商。IP电商是以自带流量的主播专属IP为核心、以社会化媒体传播为手段、以社群运营为方式延伸而成的一种新型社群电商模板，它成功地打通了内容和商业间的壁垒、缩短了主播的变现通道。

因此，主播打造个人专属IP的需求更为迫切。

素人主播或新人主播应当如何去打造个人的专属IP呢？可从四个维度来展开。

第一，塑造独特的外在形象。

形象塑造是主播打造个人专属IP的第一步，应遵循两大原则：专属特点和匹配。

专属特点指的是和别人的差异化区分，容易让粉丝记住。例如，抖音美妆主播“我是张凯毅”（图5-6），自称野性博主，坚决不签公司。她的视频简直可以用“暴躁”来形容。在视频里，她常以素颜出镜，一边疯狂地往脸上糊粉底，一边说着“烦”“真烦”“烦死了”“极其暴躁”等口头禅。因为化妆程序复杂带来的烦躁之脸，配上她浓郁的东北口音，往往给人以莫名喜感。这种大大咧咧的性格为她积累了很多忠实粉丝，粉丝们习惯称她为“大哥”。

图 5-6 “我是张凯毅”的抖音账号主页

匹配指的是“人”“货”“场”的协调。美妆主播在出镜前，首先自己的形象、专业度要过关。

第二，塑造人设。

人设，即主播的人物设定。塑造人设的过程中可以使用SRIL法则（表5-1）：

表5-1　SRIL法则

S（优势）	优势包含两种：硬件优势、软件优势。硬件优势是在一定时间内难以改变的东西，比如身高、颜值、性格；软件优势则是可以通过学习、努力来获得的优势，比如各种领域的专业知识
R（风险）	分析在未来会不会招惹麻烦，主要考量四个维度：法律、道德观、价值观与黑料。在法律层面，不得触犯法律，挑战国家社会底线。在道德观层面，不得做有违道德底线的事。在价值观层面，需符合社会主义核心价值观。在黑料层面，查询主播有没有隐藏的黑料，若有则随时可能导致人设崩塌
I（识别度）	构建人设时，和其他类主播进行横向对比，看和他们之间有什么区别，寻找自身优势；和同类主播进行纵向对比，看和他们之间有什么区别，寻找自身优势
L（变现能力）	要分析是否拥有带货能力，人设是否有商务合作价值，以及未来是否有商务合作的可能性

通过SRIL法则，来分析主播身上每一个可能有的优缺点，全部罗列下来，做通盘分析。找到其优点和缺点，优点进行加强，缺点进行弥补或规避，塑造出有个人风格特点的IP。

第三，形成专属主播风格。

主播风格标签应根据自己的性格、兴趣爱好去定位，无论什么样的风格，都要能和粉丝有一个良好的互动。新手主播可以把自己的性格爱好一一列出来，然后从中寻找到自己的风格定位。

主播风格一定要在自己的性格特点基础上进行放大，不能背道而驰选择完全不符合自己风格的定位，否则很难坚持下去。主播的风格可以围绕个人性格、形象、优势、兴趣等要素，并结合粉丝群体的画像和喜好来设定。可以从这些类型角度去设定：幽默风趣型、活泼可爱型、御姐型、成熟稳重型、辛辣犀利型、知识专家型等。

在主播风格方面找准自己的定位，再在直播的过程中加强和放大，建立一个识别度很高的直播风格。个人的风格能给直播间带来特定的“气场”，这种气场能决定一个直播间的氛围。

例如，张凯毅在直播间的表现，同其在视频呈现的风格高度一致，保持着大大咧咧、风风火火的节奏，以5分钟一个单品的速度“暴躁”过款，真实、爽快、不做作，而且不会因直播需要而肆意夸大产品功效。她的直播风格吸引了粉丝们快速下单，仅仅一款面膜，就创下了单品销量3.53万单的成绩，被粉丝称为“面膜一姐”。

主播风格一旦确定，就不要轻易改变，应该坚持下去，不断加深给粉丝的印象，直到形成自己的专属风格。否则，就是自砸招牌。

第四，专属内容IP、专属标签。

主播输出的内容要有明显的差异化特征和强烈的个人特色，要在自己的垂直领域传递有价值的内容。美妆领域的主播就要立志做一名美妆专家，将自己所属领域彻底钻研透，在直播间将自己的专业知识传递给粉丝，以提高粉丝的信任度和粉丝黏性，形成自己的专属标签、专属细分领域。

总之，主播必须有自己的闪光点或特点，才能让观众记住。浮夸的着装打扮可以是一个标签，洗脑式的口头禅也可以是一个标签。例如：“口红一哥”李佳琦的“所有女生”和“买它买它”，再如“苏大掌柜专业院线护肤”的“刷酶”专家标签。

但标签并非越多越好。一个主播具有1～2个标签是最好的，而这些标签需具有识别度和精准度，要尽量选取主播最擅长的去打造。标签越多，反而会造成识别度越低。

4. 建立账号矩阵，打出组合拳

2022年6月底，原新东方打造的直播带货团队“东方甄选”推出细分矩阵账号“东方甄选之个护美妆”，当时有很多人质疑，靠直播间卖农产品起家的“东方甄选”能带好美妆产品吗?

7月8日，“东方甄选之个护美妆”账号更名为“东方甄选美丽生活”，开启了首场直播带货。有消息称，“东方甄选美丽生活”单场直播销售额屡创新高，不到3个月，累计销售额就已达到1.53亿元、观看人次超1.49亿，用业绩打消了人们的质疑。

在抖音平台，东方甄选不仅有“东方甄选”主账号，还有“东方甄选美丽生活”“董宇辉”“东方甄选之图书”“东方甄选明明”“东方甄选自营产品”等矩阵账号（图5-7）。对东方甄选来说，运行多账号矩阵，不仅有助于丰富直播间的品类结构，增加收入来源，用单独的矩阵账号入局美妆等客单价和利润率更高的快消品类，也可以帮助新东方在营收与文化属性之间更好地保持平衡。

图 5-7 “东方甄选”的抖音账号矩阵

当下，对一些实力强大的直播机构、品牌、主播团队来说，建立账号矩阵，实现多账号运作，已经是常规操作。比如，“交个朋友”抖音账号矩阵就包括“交个朋友直播间”“交个朋友酒水食品”“交个朋友生活家居”“交个朋友电商学苑”等账号。

所谓账号矩阵，是通过不同平台、不同账号之间建立联系，将同一品牌下不同平台、不同账号的粉丝流量进行账号互通，根据平台不同的规则及内容，来输出企业及品牌信息。矩阵的形式可以提升粉丝数量及账号商业价值。矩阵号的运营模式可以是多平台、多账号，也可以是单平台、多账号。

账号矩阵运营主要有两种：平台矩阵和账号矩阵。这是自媒体人最常用的玩法。平台矩阵是指多个平台都申请账号，然后发布内容。比如，一篇文章发在公众号，同时也在小红书、头条号、百家号、知乎等平台发布，这就是多平台矩阵；账号矩阵，则是同一平台申请多个账号，例如“东方甄选”和“交个朋友”都在抖音平台上申请了多个账号。

（1）账号矩阵的优势

建立账号矩阵的好处主要表现在以下四个方面。

第一，增加收益。

账号增加通常意味着粉丝增加、收益增加。从直播带货的角度来看，建立账号矩阵意味着又开通一个或多个直播间，虽然运营成本会有所增加，但如果账号能够做起来，其收益也是非常可观的。

第二，降低账号风险。

自媒体账号通常依附于平台，而平台都有各自的管理制度。来自平台的违规、限流、扣分、降权重、封号等处罚措施，对自媒体创作者来说很常见。因此，如果是单账号运作，会有较大的风险，布局账号矩阵，避免将鸡蛋放在同一个篮子里，是最好的分散风险的手段。

第三，细分用户群。

当前平台内容划分越来越垂直，用户群体越分越细。如果希望直播间能够产生更好的直播带货转化效果，就要尽可能做到账户细分、用户细分，用户越细分越垂直，账号的变现价值也就越高。“东方甄选”和“交个朋友”的账号布局，其实就是针对客户群体的细分。

第四，增加爆款概率。

爆款对账号的重要性不言而喻，无论是对于提升的账号权重，还是对于涨粉，爆款都有其不可替代的作用。多账号运作，能够有效增加爆款的概率。

（2）账号矩阵的类型

账号矩阵的类型主要有以下几种。

第一，机构矩阵。

在由直播机构或MCN机构建立的账号矩阵中，直播机构以“东方甄选”和“交个朋友”为代表。MCN矩阵是同一机构下多账号联合的模式，各个账号之间可以互相导流、宣传推广。

第二，IP矩阵。

IP矩阵即由同一IP发展而来的账号矩阵，通常适用于比较火的头部IP。

比如，抖音美妆IP“柚子cici酱”（1438.7万粉丝）火了之后，主播又申请打造了“柚子吃了吗”（229.4万粉丝）、“柚子买了吗”（297.6万粉丝）系列账号。其中，“柚子cici酱”是剧情类美妆账号；“柚子买了吗”则是美妆产品种草账号，推荐各种美妆产品，引导粉丝购买；“柚子好吃吗”还延伸到了美食领域。IP矩阵下的每个账号都有各自的垂直细分领域。

“深夜发媸”也是一个时尚美妆自媒体IP矩阵，其账号共有四个：主账号“深夜发媸”发布综合时尚内容；“深夜种草”主要介绍美妆护肤产品和时尚穿搭；“明星照妖镜”主要写明星八卦；而徐老师个人账号“深夜徐老师”主要更新穿搭内容以及徐老师的日常。

第三，团队矩阵。

前期，团队成员共同打造主账号，待主账号做到一定的粉丝量和影响力之后，团队成员再分别开号，围绕主账号互相宣传、导流。

第四，家庭矩阵。

家庭矩阵即由家庭成员各自的账号形成的矩阵，形成的是家庭人设。例如，服装品牌霞湖世家除了抖音官方旗舰店的主账号（老板郭长棋的直播账号），还有很多家庭成员关联矩阵账号。例如，郭长棋的儿子小郭总和女儿郭雨婷也有自己的账号，而且都有各自的人设。

第五，品牌矩阵。

由美妆品牌方打造的自媒体矩阵，由于具备资金优势、人才优势，美妆品牌方在打造账号矩阵上有着天然的优势。

例如，国货美妆品牌花西子旗下账号众多：在抖音平台布局了“花西子官方旗舰店”“东方有佳人”“礼待佳人”“花西子客服”“花西子京选”“花西子礼物精选”等账号（图5-8），在快手平台则有“花西子官方旗舰店”“花西子彩妆”等账号。

图 5-8 “花西子”的抖音账号矩阵

上述账号都以国风美妆为主要内容风格，但每个账号的细分内容定位又各不相同。

（3）矩阵账号的导流

对于矩阵账号，常见的导流方法有以下几种。

①各个账号之间客串，合拍视频。

②在评论区进行互动，互相@对方。

③在账号关注中，只关注关联的矩阵账号，例如“柚子吃了吗”和“柚子买了吗”的关注账号都只有三个，分别是对方、主账号“柚子cici酱”和平台小助手（图5-9）。

图 5-9　“柚子吃了吗”和“柚子买了吗”关注的用户列表

④在账号介绍中标注出其他矩阵账号，引导粉丝关注。

5. 打造私域社群，提高粉丝黏性

艾瑞咨询数据显示，直播电商的购买转化率要远远高于传统电商。直播电商的高转化率很大程度上建立在“低价”的基础之上，正因如此，无论是头部主播还是腰部主播，都存在着不同程度的焦虑感，这种焦虑主要来自四个方面。

①直播间凭低价吸引而来的粉丝，也可能因为遇到更低的购买价格而迅速离去。

②来自平台的流量限制，如限流、封禁等打压措施，会让主播前期积累的大量粉丝脱粉。

③越来越多的品牌开启了品牌自播模式。品牌自播的崛起，直接侵蚀了专业带货主播的地盘，给其造成了巨大压力。

④互联网流量价格越来越贵，直播带货的推广成本越来越高。

在这种情况下，主播打造私域流量池、构建私域粉丝社群迫在眉睫。

自媒体人罗振宇称：“未来的品牌没有粉丝迟早会死。工业时代，你只需要有顾客和用户即可，而未来时代没有你的社群、没有你的粉丝，你就得‘死’。”

当直播和社群打通形成闭环链路，私域将不再只是商家带货促销的渠道，更是红人主播触达粉丝的高效平台。例如，在微信生态里，李佳琦主要是靠企业微信社群、公众号、视频号、朋友圈（包括团队成员的朋友圈）等触点做私域、做促活留存的。

像李佳琦之类的网红主播，在各大平台上已经有了数千万级的粉丝量，自带流量和光环，为什么还要致力于打造粉丝社群呢？其目的无外乎以下几个。

第一，打造私域流量池。

平台上的粉丝再多，也都属于平台，属于公域流量，终究受平台控制。一旦平台对主播进行限流，甚至封杀，那么，主播在平台上多年的耕耘和粉丝积累，将瞬间化为乌有。

头部主播如此，腰部主播乃至基层主播也不例外，平台考量的是大局，可能暂时对某些主播进行流量倾斜，但平台的流量终归要不断分流给新人，同时对老人进行限流，这种限流对老主播来说是致命的。因此，无论何种类型的主播，都要具备前瞻意识和危机意识，提前打造粉丝社群，布局思域流量池，给自己留下后手。

第二，提高主播转化率。

主播的粉丝忠诚度和粉丝黏性都无法同明星相提并论，主播同粉丝之间是一种若即若离的微妙关系。粉丝其实对主播的忠诚度很低，相比主播本身的人设，他们的关注点更多是主播的议价能力和能否为他们带来物超所值的商品。换句话说，谁做主播都不重要，重要的是谁具备强大的供应链能力、谁能给粉丝提供物美价廉的商品，粉丝就会去谁那里买单。

主播打造粉丝社群的目的之一也在于缓解上述尴尬的局面，打造一个培养忠实粉丝的集合地，不仅能够增加自己和平台、资本博弈的筹码，同时也能提高同供应链商家的议价权，还能将终端粉丝牢牢掌握在自己手中，随时可触达，提高粉丝黏性。私域社群可以成为直播的延伸，进一步提高直播转化率。

另外，通过定时发放直播预告清单、讨论种草产品、组织用户晒单、及时售后处理等一套组合拳，让粉丝逐渐养成看直播的习惯，能有效提升下次直播带货的老粉转化率。

第三，提高复购率。

直播间的用户，往往看后或购买后即退出，流失率很高。如何才能低成本、多次触达用户，提高直播间的复购率呢？答案是通过私域社群。

由于进入社群的粉丝大多是已消费用户，建立了对主播的基本信任，在社群中，这些粉丝可以被二次触达，加深了解后就会产生复购。

对于主播来说，私域社群可以通过多种方式低成本地触达粉丝：可以在开播前进行直播与单品的预约，能起到很好的预热效果；可以在开播时进行提醒，通过复制淘口令跳转到直播间，为直播间导流。

第四，培养铁粉。

私域社群是主播培养铁粉的利器。主播通过一系列福利措施，例如可以不定期空降社群，这样能够有效提升粉丝黏性。同时，根据社群内部粉丝的活跃度，再筛选出铁杆粉丝并建群，他们将是主播的坚实后盾，可用于助力主播打榜PK、直播间打赏、活跃直播气氛，甚至还能在主播遭遇舆论危机时帮助公关、帮忙化解。

例如，李佳琦直播间曾遭遇“欧莱雅事件”。众所周知，李佳琦直播间最大的卖点和口号一直都是“全网最低价”，而这次，同样的产品，欧莱雅品牌自播的价格却低于李佳琦直播间的价格。

令人称奇的是，遇到这种情况，“佳琦会员群”中更多的粉丝不是指责李佳琦没给他们拿到最低价，而是纷纷去声讨欧莱雅，认为品牌方“不讲武德”。

而在之前的“玉泽事件”中，玉泽终止与李佳琦的合作，转而同另一头部主播以更低的价格进行合作，此举，也引发了李佳琦粉丝对玉泽品牌的反感与抵触，有粉丝还去玉泽旗舰店开发票，以给对方制造麻烦的方式来警示玉泽品牌方。

粉丝社群对主播的重要性可见一斑，打造私域粉丝社群的步骤如下所述。

（1）建立粉丝社群

当主播具备一定粉丝基础之后，就要开始建立粉丝群。在初始阶段，主播最好不要对进群粉丝设定过高的门槛， 任何想加入群的粉丝，主播都可以邀请他们加入，这样粉丝群的规模才能迅速壮大，同时也能维持粉丝群的活跃度和热度。

当我们用尽心思将粉丝吸引进微信群、QQ群之后，才是刚刚开始，而非万事大吉了，否则粉丝退群的速度要远远快于进群的速度，让前期的引流努力付之东流。

因此，要想留住这些粉丝，并开展进一步的营销工作，就需要设计好方方面面的应对话术。

第一，欢迎话术。

新粉丝入群后，欢迎性话术的设计要充分进行换位思考，给人留下良好的第一印象。比如："欢迎新朋友加入我们的大家庭，本群每天定期分享服装穿搭方面的知识（特价商品信息），如果觉得群里消息过多，可以设置消息免打扰，等空闲了再查看我们的群。另外，群里面会不定期举行直播间同款产品的优惠秒杀哦！"

欢迎话术的目的是得到大家的好感，说话的态度不要太过强势，尽量给人留下一个好印象，给他们的暗示应该是我能提供给你们的是你们想要的，但是又不会过多地耽误你们的时间。

第二，群规话术。

规则性的话术语气也要尽可能委婉，免得惹人反感。比如："本群是学习交流群/折扣商品秒杀群，不允许发布广告、二维码、分享和其他无关信息哦，如果违规，会被请出去的。"

如果有人对此表示不理解，可这样予以解释——

"本群是学习分享群，为了方便大家学习交流，就要有一个清净的群环境，如果每个人都随意发布信息，那么群里就乱套了，时间长了大家都会出于反感而退出。而且，太多的杂乱信息也容易让大家忽略一些关键性的优惠信息。"

第三，转介绍话术。

当群里有人想介绍朋友加入时，可以这样设计回复话术——

"亲，把咱们的群号发给你的朋友，申请加入时让他填写验证信息：×××。管理员看到这个暗号后，就会准许加入了，否则是无法通过的。”

第四，成交引导话术。

群里面除了进行日常学习和分享信息之外，不要忘了最终的营销目的。在发布产品信息时，可根据产品类型来设计具体的直播引流话术。

比如：“我们的爆款美妆产品又到货了，为了感谢大家一直以来的支持与陪伴，本周五晚八点，直播间不见不散。”

（2）维护粉丝社群

建立起粉丝社群之后，主播同样要做好日常的维护。

第一，引导群内话题。

要做好群内话题的引导，尽量将话题引向主播的特色，比如才艺主播就可以多分享自己的才艺生活，脱口秀主播则可以多和粉丝聊天。

第二，保持适当的神秘感。

即使同处粉丝社群，主播在与粉丝加强联系的时候，也要注意保持神秘感，切忌频繁出现、过于热情而使粉丝对主播失去兴趣。

第三，打造粉丝团。

主播需要一个强大粉丝团的守护，因此，主播在维护粉丝社群时，要引导粉丝相互熟悉，形成一个以主播为核心的团体。最初建立的粉丝群可能会鱼龙混杂，主播可以先观察几天，与群组成员相互熟悉，并在这一过程中筛选出符合要求的粉丝，建立专属粉丝群，这种群才是支撑主播发展的基础。

（3）完善社群管理系统

随着主播知名度和影响力的提升，其专属粉丝社群规模也会不断扩大，此时，就要构建起相对完善的粉丝社群管理系统，甚至增设营销、客服、技术等各种岗位，在提升粉丝体验的同时，也能及时处理各种问题。因此，要制定相应的群规。

第一，入群仪式。

让粉丝获得社群归属感，从粉丝进入社群的第一时间就可以开始。为了尽快扩大社群规模，主播无须设定过高的入群门槛，关注即可入群，但需要设定一个特别的入群仪式，比如入群介绍，或者主播发放入群欢迎红包等。

第二，特别称呼。

社群中的粉丝应当拥有特别的称呼。让社群粉丝感受到自己的特别，才能让他们对社群有更强的归属感，进而为主播做出更大的贡献。

第三，身份级别。

粉丝社群经过一段时间的运营和沉淀之后，应该做进一步的成员分级和角色划分，筛选出核心成员，主要有三类（表5-2）。

表5-2　社群核心成员分级

KOL，即忠实粉丝意见领袖	这类粉丝在社群中有一定影响力，同时也是主播的忠实粉丝，日常在主播间的贡献（打赏、消费）也很可观，在专业知识方面具有一定的权威性，或者说具备让人信服的点。他们是社群核心价值输出的主要贡献者
KOC，即消费者意见领袖	这类人至少明面上是粉丝，在相关领域也有一定的认知和见识，有时会代替群主，去主动回答其他粉丝的一些问题。 在社群运营的初期，可以安排内部人员进行潜伏扮演消费者意见领袖，但是当运营到一定阶段的时候，我们需要主动去挖掘真实粉丝中有潜力的人，努力把他们培养成KOC，这对于双方来说都是有好处的。 对于这些粉丝来说，可以获得一定的成就感。而对于主播来说，通过对KOC的培养，一方面可以进一步加强主播与粉丝之间的关系，另一方面，在很多时候KOC可以配合KOL或者群主带动社群运营的整体节奏，促使更多粉丝完成转化
活跃小分队	通常情况下，一个社群可以配置一名KOL，3～5名KOC，活跃小分队则可以安排在10～15人（200～300人规模的社群）。 活跃小分队，顾名思义，主要就是活跃社群、带节奏，在活动、促销的时候，营造直播间氛围的。当然，活跃小分队成员参与活跃气氛时，要有节奏、分批次地进行，要掌握好分寸与尺度，不可一股脑全冲上去，否则会弄巧成拙

6. 主播的职业操守和行为规范

无论是头部的网红、达人、明星主播还是腰部主播、主播小号，都是自媒体，具有媒体属性，天生自带社会影响力，其言行举止都具有公众效应，不再单单是个人行为。因此，主播在细分引流、运作自媒体账号时，需要具备基本的职业操守和个人修养，同时要明白哪些话不能说、哪些事不能做、哪些行为不能在直播间出现。

（1）主播的职业操守和个人修养

主播的职业操守和个人修养主要表现在以下几个方面。

第一，坚定操守。

在现实以及网络环境里，某些利欲熏心的主播为了追求利益会不择手段，肆意渲染虚假消息、用恶俗标题来吸引点击，企图通过造假来蒙混过关、骗取流量。

如此操作得来的流量和关注，来得快，去得也快，难以持久。

自媒体人在从事职业活动时，必须遵从道德底线和行业规范，坚定基本的职业操守，懂得自律，管好自己。

第二，思想独立。

真正具有影响力、能够成为行业意见领袖的自媒体，都具备思想上的独立性和人格上的独立性，不会人云亦云，拒绝随波逐流，在观点和言论上自成一家、自成体系。

第三，保持原则。

有些主播为了攫取利益而不惜做“枪手”，无底线地去为商家做公关、做宣传，或受商家指示恶意打压竞争对手，成为任人操控的木偶。

第四，不弄虚作假。

具体表现在两个方面：

①不为商家做虚假宣传，不替骗子站台。

②在数据和流量上不弄虚作假、不刷粉丝、不刷单。

第五，不销售假冒伪劣商品。

在直播带货时，要严把产品质量关，杜绝假冒伪劣商品进入直播间，杜绝欺骗粉丝的短时行为，要以质取胜，赢得持久的信誉和正面口碑，让直播带货事业基业长青。

第六，保持谦卑之心。

网络主播应保持足够的谦卑，敬畏粉丝，敬畏消费者，注意阶段性地清零，提升自己，回归初心，不断提升个人修养、境界。

（2）哪些话主播不能说

“全网最低价，全网最实惠，库存只剩下50件了！”很多主播希望通过“最好”“最优”这类话语来刺激消费者的购买欲，殊不知这已经触犯了法律的红线。

主播是直播带货行为的核心，在直播中以自己的名义或者形象对商品、服务作推荐、证明、发布，并引导观众购买的行为，应当符合《中华人民共和国广告法》对于广告发布者和广告代言人的定义。

根据《中华人民共和国广告法》第九条规定，广告不得使用“国家级”“最高级”“最佳”等用语。

因此，在直播时，“oh my god！太好用了吧”这类“比较级”话术可以使用，但是包含“只此一家”“绝无仅有”这类“最高级”形容词的话语就要打住。

（3）哪些事主播不能做

在直播间，主播不要做以下两件事。

第一，主播不得宣传未使用过的商品或未接受过的服务。

《中华人民共和国广告法》第三十八条第一款规定："广告代言人在广告中对商品、服务做推荐、证明，应当依据事实，符合本法和有关法律、行政法规规定，并不得为其未使用过的商品或者未接受过的服务作推荐、证明。"

实际上，很多带货主播每天都在推荐各种各样的产品，其中不乏未曾使用过的产品。宣传未用过的产品一经发现，轻则导致直播"翻车"，重则会因为产品质量问题或存在虚假宣传而受到相应处罚。

因此主播在直播带货之前要亲身试用商品和接受服务，这既是对消费者的合法权益负责，也是对自己的名誉与形象负责。

第二，不要通过商品或服务比较，"踩一捧一"，贬低其他商品经营者的产品或服务。

在直播带货中拿其他品牌的同类商品作比较，以凸显自家商品的优势，对商品信息的表达不够全面真实的情况下，往往会让消费者产生误判，而且会对其他品牌造成不良影响。

对不同品牌的产品进行比较并"踩"或"捧"不仅可能构成虚假宣传，还可能因存在商业诋毁而受到《中华人民共和国反不正当竞争法》的制裁。

（4）哪些服装主播不能穿

直播间着装禁忌包括但不限于：

①低俗着装；

②女性胸部、大腿、背部暴露过多，镜头长时间或聚焦展现胸部等敏感部位；

③诱惑性制服、透视装、大面积露脐装、淡色紧身打底裤等不雅服饰；

④男性赤裸上身直播；

⑤衣衫不整、走光，或成心暴露内衣裤、内衣肩带，或裹浴巾直播；

⑥展现或背景中呈现计生物品或其他带有性暗示、性撩拨、性诱惑、性

买卖等意味的物品；

⑦在身体各部位画低俗图像、写低俗色情文字，暴露文身等；

⑧文胸、内裤、丝袜等内衣类商品不得真人试穿；

⑨其他不雅着装。

以上着装禁忌，适用于直播间所有出镜人员。

（5）哪些人不能作为主播出镜

综合相关法律法规和直播平台的规定，以下人员不得在直播间出镜或进行直播：

①未成年人不能在直播间出镜或进行直播。

②未经批准，境外主播或我国港澳台主播不能开播或出镜。

③精神疾病患者等不具备完全民事行为能力的人不能单独直播。

④禁止使用或变相使用国家机关、国家机关工作人员的名义或者形象进行推广。

⑤禁止利用科研单位、学术机构、技术推广机构、行业协会或者专业人士、用户的名义或者形象作推荐、证明。

（6）哪些行为直播间不能出现

2022年6月22日，国家广播电视总局、文化和旅游部共同联合发布《网络主播行为规范》（以下简称《行为规范》）。《行为规范》明确，通过互联网提供网络表演、视听节目服务的主播人员，包括在网络平台直播、与用户进行实时交流互动、以上传音视频节目形式发声出镜的人员，应当遵照本行为规范；利用人工智能技术合成的虚拟主播及内容，应当参照本行为规范。

《行为规范》第十四条明确规定了网络主播在提供网络表演及视听节目服务过程中不得出现的31种行为，应注意规避。

第六章

直播筹备：做好直播前的准备工作

【本章关键问题】

- 如何配置直播团队成员？
- 常见的直播硬件设备有哪些？
- 直播脚本如何设计？
- 主播需要做哪些准备工作？
- 如何进行直播的场地准备？
- 如何对直播活动进行宣传预热？

1. 团队搭建：高效团队、各司其职

直播带货呈现在公众面前的核心通常是出镜的主播，但在直播间，围绕在主播周围的直播团队、幕后工作人员通常不止一人，一些大型直播间的工作人员能达到十几人、几十人之多。

而在直播间外的后勤保障人员数量可能更多——

李佳琦的美ONE公司有一支超200人的团队，负责李佳琦直播的所有幕后工作。

截至2022年6月，“东方甄选”的团队规模已经突破200人。

2022年4月11日，“交个朋友”发布2周年报告。数据显示，过去2年“交个朋友”直播带货总GMV达100亿元。团队方面，“交个朋友”员工从最初的7个人发展到目前的1400多人；主播团队也从早期的3个主播扩展到目前的40多个。

快手主播辛巴旗下的辛选团队更为庞大，目前，辛选团队的员工数量已在4000人以上，其中，仅选品品控团队成员就占了35%左右，有1400多人。

一个好汉三个帮，红花也需绿叶扶持。一个主播无论多么优秀、多么全能，都绝不可能具备完成直播带货工作所需要的所有环节的技术与经验，而借助直播团队的力量，通过团队合作，各司其职，才能把直播带货推向高潮。

直播带货最讲究“人、货、场”，其中“人”不仅是指镜头前面的主播，更是指镜头背后的整个直播团队。一个完整的直播团队人员配置通常包括以下岗位（表6-1）。

表6-1　直播团队的人员配置

岗位	岗位描述及职责
主播	主播相当于主持人，是直播间的核心人物。主播职责主要有： 第一，负责通过直播向粉丝提供产品信息并引导粉丝购买，在直播期间调动粉丝的情绪，确保直播间的热度。 第二，在开播前要把整场直播的节奏、产品特性、脚本、利益点等做到最大限度的熟悉，只有这样，在开播之后对产品的介绍才能相对流畅、个人转化能力才能提升。 第三，在直播进行的过程中，需要注意活跃直播间的气氛，做好粉丝的答疑，和粉丝进行互动，做好活动介绍以及测品（试用），引导新粉关注，时刻注意自己在镜头前的表现。 第四，需要掌握一定的销售技巧
副播	副播，也称助理主播，主要辅助主播进行直播。副播也可以是商家（品牌方）老板。常见的某某专场，一般会邀请商家的负责人过来直播间给予配合，讲解一些产品的专业知识，和主播一起直播。副播的职责主要有： 第一，辅助主播，随时关注直播间的各种情况，对主播遗漏的商品卖点和事项进行及时提醒或补充。当主播不知道讲什么而冷场的时候，要注意帮腔搭话，制造氛围。 第二，当主播起身离开换品、休息时，要及时出现在镜头前，临时扮演起主播角色，维持直播间的活跃度，推动直播活动正常进行。 第三，配合主播带动直播间气氛，介绍商品促销活动，引导粉丝关注。 第四，了解商品的销售数据，提醒主播，并进行必要的画外音互动
助理	负责处理直播间内各种琐事，比如，传递接下来售卖的商品，准备直播过程中需要的道具、优惠卡片、手稿，给主播提示等。小的直播间一般不需要助理
化妆师	大型直播间通常还要配备专职化妆师，配合主播工作，按照直播间的需求，为主播或其他直播间工作人员提供化妆服务
场控	场控，即直播间现场控制的意思，主要辅助主播监控直播间言论、处理突发情况，扮演的是直播间管理员角色，其主要职责有： 第一，在主播直播时，积极调动直播间氛围，带动粉丝积极性，以配合主播的节奏，引导粉丝参与话题讨论，引导的话题必须是积极、正向的，有助于商品销售，要随时防止舆情失控，防止直播“翻车”。 第二，实时监控直播间的发言，及时发现不和谐的声音和对主播、商品的不当言论并及时予以制止，避免不良影响进一步蔓延。 第三，在直播现场配合主播进行商品上链接、商品改价、库存核对、活动优惠设置、小店后台设置等工作。 第四，进行直播复盘，及时发现直播中存在的问题，并予以改进，优化直播流程，丰富直播内容

（续表）

岗位	岗位描述及职责
商务	如果是达人端，商务主要负责对接供应链，联系商家合作，根据选品团队挑选出来的类目、产品想办法拿到优质且高佣金的商品。比如，跟进样品和赠品进度、优惠形式、优惠链接、商品库存等具体执行事务。同时把控产品质量（杜绝假冒伪劣产品），建立起优质的供应链。 如果是大主播，会有不少商家主动找上门合作，有很大的议价能力，只需要负责筛品、把控质量。 如果是小主播，则需要想办法多渠道联系商家，宣传自己的团队、直播案例（数据），建立品牌合作。 如果是商家端（供应链），商务主要负责对接达人，推进直播的各种事项。如果你是大品牌，商品有知名度且品控很好，只需要把商品加入精选联盟，设置一定的佣金比例，则很多人愿意主动帮你带货
运营	直播运营的角色非常重要，相当于导演的角色，做的是统筹型的工作，可以说是直播间的负责人。主要职责有： 第一，负责整场直播的运营，包括直播玩法设计（活动策划、利益点、营销点、秒杀等）。 第二，负责产品的组合销售、直播商品排款、直播的流程与脚本、主播的问题调整、直播场控等工作。 第三，负责广告投放相关工作。 第四，下播之后做直播复盘等
选品	主要负责产品筛选，比如什么品好卖，容易爆单，全网商品调研、比价，完成产品信息采集。帮助主播把关商品质量、预判热度，选出能够打动粉丝的产品。这个岗位需要很强的专业知识，类似传统行业的采购岗
中控运营	在直播过程中负责操作直播数据和调控后台的岗位，用平台控制直播，比如直播商品管理、上架、下架、调整库存，添加讲解商品、改价、查看直播间实时数据、设置优惠券、成交详情、订单明细等操作。 一般大型品牌商家的直播间才需要中控运营，中小型直播间一般由直播运营操作
数据运营	数据运营主要负责商业广告投放（DOU＋、Feed流、巨量千川等），也称为“投手”。负责分析、统计每场直播的数据，并根据数据给出直播间优化建议。一般大型品牌商家的直播间才需要这个岗位，中小型直播间一般由直播运营操作
内容运营	内容运营主要负责直播账号的运营，例如，账号日常内容更新、直播预热视频推送、直播间切片视频等，目的是运营账号、吸引粉丝、分析数据，通过短视频给直播间引流

（续表）

岗位	岗位描述及职责
导播	导播主要负责直播前直播间的设备调试，需要熟悉直播流程、摄像机和灯光的布局，以及现场各机位的调度，保障直播过程中视频信号的稳定，监控播出设备的状态，直播产生突发状况时组织应急，确保安全播出
客服	客服，主要负责直播过程中的线上商品咨询、售后服务工作。其主要职责有： 第一，了解商品信息，熟悉客户需求，掌握一定的沟通技巧和客服知识，能够向客户详细介绍商品的优点和卖点。 第二，及时、高效、热情、耐心地回答买家提出的各种问题，不可拒答，不可有抵触情绪。 第三，及时准确地备注商品，第一时间反馈给打单发货人员，防止货品错发、漏发。 第四，积极跟进售后问题，对订单发货情况、物流情况进行追踪，并做好统计。 第五，高效妥善地处理各种售后问题，包括退换货及客户的投诉等。 第六，进行定期、不定期的客户回访活动，维持良好的客户关系

不同规模的直播间可根据需要，酌情增减团队的成员配置。例如，对于小型直播间，一名主播 + 一名运营兼场控，两个人就能完成一场直播带货。而对于超级品牌、超级头部主播的直播间而言，以上岗位仅仅配齐可能还不够，某些岗位还需要配置两名甚至更多的人员，才能满足直播需要。

总之，不同的主播、不同规模的直播间、不同的直播玩法对团队成员的配置要求也不一样。

2. 硬件筹备：直播间设备全套清单

最早的直播带货，主播一人凭借一台手机就可以完成直播。但随着直播电商的全面发展，不仅直播团队规模越来越大、团队岗位越来越多，直播间也越来越豪华，所需的直播设备也越来越多、越来越完善（表6-2）。

尤其是美妆产品的直播间，对摄像、灯光设备要求更高。如果直播间规模较大，除了主播、助播、助理，还有嘉宾出场，就需要扩大灯光的亮度和覆盖面，确保灯光能够覆盖所有需要出镜的工作人员，才能呈现好的效果，才能提升主播的气色和颜值，带给粉丝更好的观感。

表6-2 直播设备一览

设备类型	名称	描述
电子网络设备	手机	直播手机通常是个人日常所用手机之外的专用手机，如果是预算不足的新主播，也可使用自用手机进行直播。 如果预算充足，建议选择各大品牌的旗舰型号手机，内存要足够大，一般不低于128GB，避免直播卡顿。建议使用品牌手机，性能比较稳定，音质、画面相对比较流畅。 严格意义上讲，如果对直播要求不高，任何一台当下主流的智能手机都可以满足基本直播需求
	电脑	中等配置以上的台式机、笔记本电脑都能够满足直播需求。 如果没有出差或户外直播的需求，建议选择台式机，同等预算的机型，台式机性价比更高。 如果预算充足，建议做如下配置： （1）电脑CPU建议选择i5系列以上的，最好是i7处理器。 （2）台式电脑一定要配置大主板，主板上有空余的PCI插槽，可用来插独立声卡。如果主机配了小主板，就只能用外置声卡。 （3）显卡最好选择独立显卡。显示器一般不低于20寸，选用有护眼功能的，避免长时间观看屏幕出现眼疲劳。笔记本电脑尽量选择14寸以上的。 电脑配置越高，费用也就越高。可根据费用预算情况，酌情进行配置

（续表）

设备类型	名称	描述
电子网络设备	手机支架	手机支架必不可少，推荐选用能升降高度的三脚架，便于携带，能够满足室内室外直播的需求。普通品牌的手机支架价格也都不高，一般几十元即可搞定
	电视	用于展示背景产品信息，通常位于主播身后，可以同步提供产品信息介绍，没条件或者产品不需要这种展现方式的也可以不用
	LED屏	功能和电视一样，用来显示产品信息
	耳机	为导演/导播提供现场声音监听的耳机，可根据实际情况配置
	监视器	为主播、现场团队提供现场画面监听，一般就是一个LED屏幕，放在主播前方但是不会进入镜头，可以让主播实时看见自己的情况，以便做出调整
	音效键盘	音效控制器，一般是运营在操控，可以酌情配置
	声卡	声卡可以让主播的声音更动听。有了声卡的帮助，主播在直播间能够播放背景音乐，并进行一些搞笑的音效互动。采用声卡，还能让主播更省力气，因为即使手机离得较远，直播间的音量也不会变小，这都是声卡的功劳。 声卡建议选择大众熟知、普遍选用的主流品牌，尽量不要选择质量没有保证的山寨产品、廉价产品
	线路转换头	如果使用苹果品牌手机，或是Type-C接口的手机进行直播，将声卡连手机的时候还需要一个线路转换头
	专用网络	重要直播必须设置专线网络，以保证直播过程顺畅，切忌贪图便宜用劣质网络或者和其他的项目公用网络，一旦导致卡顿或者高延迟，会造成不可挽回的损失
	麦克风	麦克风分为动圈麦和电容麦两种，直播一般使用电容麦。当然，不同麦克风的适用场景也不同： （1）尽管动圈麦灵敏度低、拾音范围小，但优势在于不需要电源供电，适合在户外直播、现场演唱时使用。 （2）相对而言，电容麦音质清晰、灵敏度高，一般分为5V和48V。5V电容麦使用门槛和环境要求比较低，一般的手机声卡和电脑声卡可以直接使用，无须额外供电。48V电容麦需要额外提供电源，同时对使用环境要求较高，需要比较安静的环境，一般在室内或者录音棚内使用。 麦克风也建议选择主流的品牌，质量有保障
	提词器	为主播提供产品讲解、流程等信息提示。有使用LED屏的，也有使用记事板的，根据自身实际情况酌情配置

（续表）

设备类型	名称	描述
常规设备	专用直播桌	美妆类的直播间往往是坐播，待播的产品会放在桌子上，方便主播取用，也可以用来展示产品
	美妆展架	如果直播间的产品较多，可以准备更大的美妆展架，用来陈列摆放直播间的美妆产品、样品
	道具架	道具统一放置的架子，方便随时取用。这没有统一标准，根据实际状况自行配置
	产品展示台	通常位于主播身前，用于放置并展示产品，说白了就是一个桌子，但是要注意形状、大小、颜色、造型要匹配产品的领域和行业特点
	插线板	为各类用电设备提供插电接口，一定要合理布置插电接口，为相关设备提供电源保证，尽量选择大品牌、大厂家的产品，确保用电安全
	白板、Mark笔	主播或场控书写、提示所用
摄像设备	摄像机	用于直播间的画面采集。一般的智能机都可以，有条件的可以使用专业镜头连接电脑，这样会更清晰
	摄像机支架	固定手机或者镜头，避免晃动，这个非常重要，无论是手机还是摄像镜头，都需配置一个质量好一些的摄像机支架
	采集卡	采集摄像机信号并转换辑出给推流电脑。如果是小直播间或者个人直播，没有电脑中控或者操盘需求，则不需要采集卡
	导播台	切换不同摄像机机位，为推流电脑输出不同画面。小直播间或者个人直播一般不需要
	云台	手持外派或者运动动态拍摄时，保持手机或者摄像机稳定的专业设备，如果有外景或者运动拍摄的需求，建议配置
灯光设备	环境灯	主要起照明的作用，用来维持整个直播间的亮度，一般是直播间的顶灯或者LED灯
	补光灯	补光灯起到美颜的效果，可让主播的皮肤看起来细腻、有光泽。一般采用圆圈补光灯，既能补光又能柔光。另外，有些手机支架也带有补光灯，如果要求不高，这已经可以满足补光需求了
	美颜灯	给主播脸部的局部特写补充光线，让直播时主播的状态更明亮自然，更容易体现主播的个人特征
	辅助背景灯	主要起辅助作用，让主播脸部和产品所照射到的灯光保持均匀，光线柔和，给观众舒适的视觉感受。通常安装在主播身后的背景上。用上背景灯后，直播间的明暗对比画面会更加立体
	球形灯/日光灯	为整个直播间的环境补充光线，让直播间更明亮自然

直播设备配置无止境，在满足特定直播需求的前提下，够用就好，没必要铺张浪费。当然，如果预算足够，可以尽可能地选择一些专业设备，以提供更好的直播画面，呈现更佳的直播效果。

3. 脚本设计：内容覆盖直播全流程

在一些新手直播间，常常会出现如下状况：

直播时间控制不好，有的产品讲解时间过长，有的产品没时间讲解。

主播不知道怎么讲产品，用词不专业，或不知道怎么讲卖点。

主播合团队之间配合不默契，直播有间隙，没有节奏感。

遇到突发情况，主播不知所措，没有应急预案。

直播过程没有重点，没有高低起伏，像流水账一样，索然无味。

直播没有明确的目标，直播结束后也很难进行复盘。

……

这些现象的出现，固然跟主播及团队成员缺乏经验有关系，但更大的原因则在于直播活动没有按脚本执行，或者根本就没有脚本。

脚本，原指表演戏剧、拍摄电影所依据的底本或者书稿。直播脚本包含场景搭建、直播参与人物、直播间道具、台词（话术）、动作、流程、时间等要素，简单来说，就是主播和其他团队成员进行直播带货活动的剧本。

一场成功的直播离不开一个设计严谨、逻辑严密、条理清晰的脚本。有脚本指导的直播带货活动才能有头有尾，有开篇、有高潮。直播脚本就像电影的大纲一样，让直播活动有了一个统一的规划。有了直播脚本，整场直播活动才能有条不紊地推进，才可以让主播有效把控直播的节奏、规范流程，达到预期的目标，让直播效益最大化。

同时，设计合理的脚本，也可以有效减少直播过程中的突发情况，避免直播中断、冷场、主播尬聊等异常情况。

（1）脚本的核心作用

在了解直播脚本怎么写之前，首先要明确直播脚本的4个核心作用。

第一，明确直播主题。

其就是确定本场直播的目的是什么。是回馈粉丝？是新品上市？还是大型促销活动？

明确直播的目的，让粉丝明白他们在直播间能看到什么、获得什么、享受到什么福利和优惠，能提前勾起粉丝的兴趣。

第二，把控直播节奏、梳理直播流程。

一份合格的直播脚本通常都要具体到分钟，应十分细致而具体，确保所有环节无遗漏。

第三，进行直播分工。

对主播、助播、场控、运营等所有参与直播的工作人员的动作、行为、话术做出指导，包括直播参与人员的分工，比如：主播负责引导观众、介绍产品、解释活动规则等；助理负责现场互动、回复问题、发送优惠信息等；后台客服负责修改产品价格、与粉丝沟通、转化订单等。

第四，控制直播预算。

控制单场直播成本。中小主播、商家可能预算有限，脚本中可以提前设计能承受的优惠券面额或是秒杀活动，以及赠品支出情况等。

（2）脚本的类型

总体上看，直播脚本实际也就分为两大类，一类是单品脚本，另一类是整场脚本。

第一，单品脚本。

单品脚本，即关于直播间单个待销产品的脚本。单品脚本通常包括商品的基本特征、出品方、卖点、利益点和优惠折扣方式等。

单品脚本要让主播能够在短时间内简单直接地向直播间粉丝描述清楚产

品的基本情况和卖点，说服粉丝下单购买。

单品脚本建议以表格的形式呈现出来，这样能把产品的卖点和利益点非常清晰地体现在表格上（表6-3）。

表6-3 单品脚本

产品介绍	品牌、型号、成分、功效等
利益点	折扣价、最低价、买一送一、买二发三、包邮
引导转化	限时限量
	对自己好一些
直播间关注点	关注主播、关注店铺
	分享直播间
	点赞
	下单

第二，整场脚本。

整场脚本贯穿直播带货活动的全流程，是直播活动的一个总体规划和安排。其内容主要包括：

①开场互动。

直播开启后，主播要首先同直播间粉丝打招呼，进行初步的互动，需要借助开场互动脚本。

②货品介绍。

对直播间货品情况进行一个大致的介绍，如产品类型、数量、优惠措施等，吸引粉丝持续观看直播。

③单品介绍。

单品介绍即逐个介绍商品，描述商品的卖点和特色，爆品和特色商品要穿插在各个商品之间，重量级的商品往往放在最后介绍。

④激励环节。

激励环节即通过抽奖、赠品、红包等福利方式回馈直播间粉丝。

⑤直播预告。

在直播即将结束时，给出下场直播的预告信息。

以一场时长为4小时的直播带货为例，整场脚本流程应涵盖如下内容（表6-4）：

表6-4　直播流程

时间节点	直播内容
开播第1分钟	迅速进入直播状态，主播同粉丝打招呼，引导粉丝签到环节
第2～5分钟	主播边互动，边着重介绍本场直播的几个爆款产品，建议粉丝签到打卡参与抽奖
第6～10分钟	简要介绍本场直播的新款产品和主推款产品
第11～30分钟	将所有进入直播间的产品简要过一遍，除了重点爆款可以稍做重点推荐外，其他产品不做过多停留。该过程要严格按照脚本走，主播不要看粉丝留言，也不要跟着粉丝的节奏走
开播半小时后	正式逐个介绍产品，每个产品大致为5分钟，适当地根据粉丝的呼声和需求来进行重点讲解
直播中	根据直播间的在线人数和商品的转化销售数据，引导主播进行重点演绎的调整
最后半小时	对最受欢迎的产品进行返场讲解，对热门产品进行清零
最后5分钟	主播透露下场直播的主打产品，助播可穿插回答粉丝问题
最后1分钟	提醒直播间的粉丝关注主播，预告下场直播的详细时间以及粉丝福利等信息

一份优秀的直播脚本，要充分考虑直播各个流程的细节，让主播在直播的时候有条不紊、有本可依，而不是让主播处处随机发挥。

直播脚本不是一成不变的，它需要经过不断的实战演练，经过不断的复盘分析，进行持续的优化调整，才能让主播越来越得心应手。

4. 主播准备：熟悉脚本、调整心态

主播是整场直播的焦点和直播间的核心，直播开启前需要做大量的准备工作，要以最佳状态步入直播间。

（1）熟悉脚本

主播在直播前要熟悉直播脚本，对每一个环节要干什么都做到心中有数，这样主播在直播的时候才能按脚本有条不紊地推进，才能言之有物，避免冷场。同时直播团队的其他成员如助播、场控等人员也应熟悉直播脚本，尤其是涉及本人职责的部分。

（2）熟悉产品

带货主播包括主播团队，在开播前最重要的工作就是了解产品信息，进行产品试用，这样在正式直播的时候才能做到有理有据地展示所有带货产品的卖点，增加粉丝的信任度。有很多带货翻车的主播因为没有提前做好产品功课，导致品牌方、平台方、主播、观众四方受损，得不偿失。

美妆主播，尤其是美妆行业垂直型达人主播，必须是美妆行业领域的专家，需要充分了解美妆专业知识，对美妆产品全面了解，且自身能够熟练地运用美妆技术和手法，对色彩搭配要有基本的直觉和敏感度，自身还需要准确地描述出对于美妆的使用感受，以及使用前后带来的变化。美妆主播需要对整个美妆行业了然于胸，拿捏好粉丝的消费心理和购买需求。

主播要对产品做到全方位的了解。

第一，产品基础信息。

了解直播带货产品的基础信息：品牌名、品牌背景文化、品牌大事件

等。还要了解产品的其他相关信息，具体包括是否符合《中华人民共和国产品质量法》的规定，是否含有中文厂名、中文厂址、许可证号、产品标志、生产日期、中文产品说明书等。只有将这些信息展现给粉丝，粉丝才会放心。尤其是在推介一个新品牌或者知名度较低的品牌时，主播更需要通过详细介绍产品品牌来让粉丝放心。

第二，了解产品成分。

美妆产品的成分是主播需要了解的重要信息，作为一名美妆主播，对各类美妆产品的认识必须很深入。我们可以从两个方面来了解美妆产品，一是成分，二是各种成分的功效。当主播能轻松地讲出美妆产品的各种成分及其功效时，粉丝才会对主播产生信任感，才可能产生购买的欲望。

主播“樱桃小姐姐”在直播时，擅长直观地将产品成分讲出来，比如某款产品含有烟酰胺、寡肽、积雪草、甘油等成分，让直播间粉丝一目了然。

对于上述成分的功效，“樱桃小姐姐”也会分别为大家讲解。

①烟酰胺：具有美白淡斑效果，能够提亮肤色。

②寡肽：修复受损皮肤，促进胶原蛋白再生。

③积雪草：具有特别强的皮肤修复功能。

④甘油：能够起到补水保湿的效果。

上述成分都是植物萃取的精华液，安全性非常高，敏感肌肤都能用。

第三，提炼话术和产品卖点。

主播要根据直播带货产品的基础信息，整理直播带货时的话术素材，了解直播带货产品的作用、功能、针对方向、归属品类、如何使用、主要针对人群等。

同时，主播还要了解并提炼直播带货产品的卖点：产品特性、产品亮点，区别于同类产品的特性、差异化优势。

第四，试用产品。

主播只有亲自试用过，才能知道它到底是不是一款好产品、是不是适合自己的粉丝群体、它有哪些特件、应该怎么使用、直播时应该怎么向粉丝讲解和推荐等。

例如，卖一款洗面奶，主播只有试用过，才能知道这款产品适合油皮还是干皮、以自己的肤质使用后是什么感觉、身边其他肤质的人使用后会有什么感受、粉丝对洗面奶有哪些需求、这款洗面奶能否满足他们的需求。

这些都需要主播亲测后才能得出结论，才能在直播间根据实际使用感受向粉丝推荐产品，产品才会更有说服力。

因此，直播前主播及团队相关品控成员需要对产品进行测试和使用，记录试用感受，记录功效，总结话术。根据测试感受为产品提炼上口、好记的关键词、关键短句，并在展示该产品时不断重复。

测品过程中，至少保留一件完整的样品，以便在直播带货时向直播间粉丝详细展示。

第五，了解产品优惠信息。

设计并熟知货品的优惠措施（了解直播货品的日常价，直播间的特卖价），并整理直播间价格和日常价的区别。

（3）妆容准备

开播前一个小时，根据主播设定的人设开始化妆，然后看看摄像头里的效果再按需补妆。主播的造型和妆容要多样化，可以提升直播间粉丝的观感。

（4）茶水准备

直播是一份高强度的工作，一场直播持续三四个小时再正常不过，8小时以上的超长直播也不罕见。所以，直播前助理要准备些润喉糖，直播中途还要准备几杯蜂蜜水。准备好润喉糖和蜂蜜水，在保护主播嗓子的同时，还可以趁机让其调整直播状态。

（5）心态准备

直播是一份高压工作，直播过程难以保证一直顺利，直播间氛围也难保一片和谐。直播中难免遇到一些黑粉，对主播进行各种质疑、抹黑甚至谩骂。遇到上述情形，主播做出回怼、发飙等不理智行为，显然是不妥的。

怎么办？只有调整好自己的心态，进行直播情绪管理，控制好情绪，以坦然、平和的心态面对直播中的人和事，这才是新手主播最需要建立的直播底层逻辑。

（6）做好团队分工

直播场次确定后，要定好直播团队人员人数及分工，包括主播、副播、助理、场控、商务、客服、运营等，每个人具体负责哪项工作，都要提前做好安排。

5. 场地准备：直播间布置与直播测试

直播带货三要素“人（主播、团队）、货（产品）、场（直播场景）”，除了“人”和“货”，“场”也很关键，直播间布置以及直播测试，对直播间的观感和直播效果有着至关重要的影响。

（1）准备直播场地

直播场地是直播活动最底层的基础设施，必不可少，最好选择一个宽敞明亮、安静无杂音、有浅色背景墙的场所作为直播间，以确保粉丝看到的镜头是清晰的，且不受杂音干扰。

如果是品牌产品或专场产品直播，通常还需要在直播间制作专门的背景墙，以突出主题、强化品牌，让进入直播间的粉丝对产品信息一目了然。

美妆产品体积较小，对直播间的面积要求不高，如小型美妆直播间，面积10平方米左右即可。

（2）直播间设计与布置

美妆产品直播间很考验设计感，要做好场景设计、灯光设计和色彩设计，如果是品牌专场，直播间设计还可以参考品牌专柜。

第一，灯光设计。

根据前期准备的相应灯光设施，将之合理布置在直播间各处，以确保直播间的照明、采光，让直播间和主播以最佳的状态呈现在粉丝面前。有条件的主播团队，可以请专业灯光师进行灯光布置的指导，以达到最佳灯光效果。

直播间灯光布置可遵循“蝴蝶光”原则，这是美国好莱坞电影厂早期在影片或者剧照中拍女性影星惯用的布光法，有“美人光”之称。这种光线会在主播鼻子的下方形成一个蝴蝶状的阴影效果。蝴蝶光不仅漂亮而且讨人喜欢，会让主播脸型显得瘦小。

蝴蝶光灯位布置要点有以下几个。

①主光源在镜头轴上方由上向下45° 方向投射在人物的面部。

②调整好主光与模特的距离。

③在鼻子的下方投射出阴影，阴影似蝴蝶的形状，使人物面部有一定的层次感。

④灯位高度正常，或者偏高时，阴影的角度是向下的，同时会对被摄者——一般是女性的脸颊产生一定的阴影，显得脸颊更瘦；而如果灯位过低，就会导致脸颊两侧的阴影减轻，拍出大饼脸的效果，应予以避免。

另外，在设计直播间的灯光时，还要注意以下事项:

①直播灯光和背景墙颜色要相匹配。

②灯光不要直射墙面，以免引起视觉疲劳。

③避免把所有的灯光都打在主播脸上，主播脸部光线要均匀，避免出现“阴阳脸”。

④直播间选购的灯光，应以环形灯为主，根据具体的需求，还可以选择落地环形灯、桌架环形灯和移动环形灯等，起到补光的作用。

⑤美妆产品直播间，灯光建议以白色冷系光为主。

第二，色彩设计。

直播间装修色彩搭配需要做到整体协调，在整体协调的基础上可以设计局部对比效果。前者让整体界面稳定舒适、和谐统一，后者可以使界面重点突出、丰富耐看、生动活泼。常见的对比技巧有深色和浅色对比搭配、冷色与暖色对比搭配、有彩色与无彩色对比搭配。

直播间要做到合理配色，以下3个方法可以借鉴。

①颜色控制在三种以内。直播间的颜色尽量控制在3种色相以内，超过3种颜色，易使人眼花缭乱，导致粉丝心烦意乱，无法长时间观看，同时也难

以凸显直播主题，失去直播的主次。

②有明确的主色和配色。主色确定后，辅助色、点缀色都要围绕主色来选择和搭配，这有助于建立更美观恰当的直播间形象。常用的色彩搭配黄金法则为6：3：1，即在一个界面中主色占60%、辅助色占30%、点缀色或强调色占10%。

③参考品牌色和商品色。美妆产品直播间的主色还可以借鉴美妆品牌的品牌色和产品的商品色，以同直播品牌、产品相呼应，强化品牌形象，在粉丝心中形成对品牌的心智认知，形成视觉冲击。

第三，机位布置。

机位即直播手机的摆放位置，既要考虑方便主播工作，能够舒适、方便地看到手机屏幕上的留言，以确保及时和粉丝互动，同时也要考虑粉丝的观看需求，不要让粉丝产生距离感，机位不要布置得太远。另外，要结合直播间出镜人数来设置机位，建议直播间同时出镜人数不宜超过3人，以2人为最佳，否则会显得拥挤，影响观看效果。

第四，背景墙布置。

不同类型的带货主播，直播间的背景风格是不一样的。

美妆产品直播间的背景墙要干净整洁，避免过于花哨或杂乱而影响产品及主播展示，可以简单放置一个广告牌当作背景墙。直播间背景墙颜色尽量选择可降低曝光、视觉舒适、能够突出产品及主播的灰色系或浅色系色彩。

也可以直接放置一块背景板屏幕，根据带货产品的不同，随时切换画面，就像罗永浩的直播间一样。

第五，准备BGM（背景音乐）。

BGM是直播间必不可少的元素，要提前准备好一些适合直播间各种情景播放的BGM，比如唱歌时的伴奏、鼓掌/欢呼等音效包、跟人PK时紧张刺激的背景音乐、 跟大家聊天放松时的背景音乐等。主播团队应了解当下的流行音乐和歌曲，提前准备好BGM素材库。

（3）直播测试

在正式直播开始前，团队相关人员可提前进行如下测试，以确保正式启动后的直播效果。

第一，做好光线测试。

如果在室内直播，应打开所有直播照明灯，测试灯光效果以及外部环境光线对直播间的影响；如果在室外场地直播，还应确保直播光线的柔和度，避免太强或太暗的光照环境。

第二，对焦和曝光测试。

对手机、相机等直播设备进行对焦和曝光测试，确保直播画面清晰、舒适。

第三，横屏和公告测试。

测试手机横屏直播观看效果，准备好直播公告，以便在直播开启时第一时间予以发布。

第四，美颜设置测试。

可根据主播个人特征和直播活动的定位，进行美颜设置及定位，可测试当下常用的美颜软件，选择最适合主播的一款。

第五，声音测试。

确保直播间、直播场所有一个安静的环境，对于户外直播场所，还要做噪声测试和相关设备的降噪效果测试，以确保主播的声音不受太大干扰。

另外，还要准备好一些符合直播间调性的音乐、歌单，以便在直播过程中穿插播放，用来承上启下、烘托氛围。

第六，网络测试。

直播过程最忌出现网络卡顿，因为网络卡顿会让粉丝直接失去耐心而离开直播间。直播前要做好相应网络设施的使用和测试，确保不出意外。

对于新手直播，在正式直播前，还可以酌情进行直播彩排，或先用小号进行试播，等多播几场，拥有丰富的直播经验之后，这一环节就可以省略。

6. 宣传预热：吸引粉丝进入直播间

直播之前的宣传预热是一个必备环节。宣传预热能精准触达目标粉丝群，提前给直播间造势，为直播间引流。

在这个分众时代，如果不提前对粉丝进行精准预告、精准传播，即使顶流主播的直播间也可能遭遇流量荒。

直播宣传预热方式主要有文案预热和短视频预热。

第一，文案预热。

文案预热，即将直播活动的宣传文案，通过朋友圈、微博、视频号、公众号等渠道进行发布。一篇好的直播宣传文案应包含以下要素：主播信息、商品信息、优惠信息。

需要注意的是，文案一定要精简易懂，不要长篇大论。

第二，短视频预热。

短视频预热是一种最直观、最有效的直播预告方式，可在短视频中插入直播时间和直播内容，让粉丝了解开播时间。如同预热文案一样，可以在短视频中设置一些悬念信息，可以是价格悬念，也可以是商品悬念，还可以是主播悬念，激发起粉丝的好奇心。短视频预热类型有以下几种（表6-5）：

表6-5 短视频预热类型

类型	详情
纯预告视频	预告短视频要涵盖直播带货活动的基本信息，包括主播信息、产品信息、优惠信息和粉丝福利等
短视频植入预告	可在主播的短视频账号发布的日常短视频中，植入相应的直播带货信息，内容要简短、直接，包含诱导性语言和悬念，要有一定的吸引力。 植入性预告，最好设置在视频最后，定格直播预告海报，直观地告诉粉丝开播时间和主要内容

（续表）

类型	详情
直播片段视频	可以专门拍摄一些类似影视剧花絮的直播片段视频，将即将呈现在直播间的产品、主播、嘉宾以及其他有趣的、好玩的信息制作成直播预告片段，为正式直播活动造势引流

通常可以在开播前的2～3个小时，发布预热小视频，通过视频标题和具体内容告诉粉丝直播活动的时间。

例如，2021年5月24日，抖音美妆主播张凯毅用临时搭建的直播运营团队，开启了自己的首场电商直播。在长达11小时的直播中，尽管现场网络环境不佳、团队经验不足、准备工作不充分等原因导致状况频出，用张凯毅本人的话来说，这是一场“人仰马翻”的首播，但张凯毅的直播首秀业绩还是定格在了3000多万元。

为了给直播间导流，在直播前3天，张凯毅共计发布了5个预热视频，内容包括直播前紧张情绪分享、烂脸急救方案、闭眼挑战化全妆等。在直播过程中，张凯毅也精心发布了7支引流视频，视频内容则囊括明星唐嫣仿妆、与时尚博主周扬青合拍、硬核妆教分享等。为了达到更好的引流效果，引流视频的发布也会基于直播进度来推进，如在售卖某名牌女士香水时，引流视频也是精心准备的爱用香水种草合集，这样可以将有相关需求的粉丝引进直播间。

预热文案或短视频制作、发布时，可借助以下7个技巧。

（1）凸显福利优惠

在很多情况下，消费者之所以购买产品，并不是产品有多便宜，而是他们感觉占到了便宜。粉丝为什么会进入直播间？在很大程度上是因为他们想享受到优惠、想获得一定的福利。

直播带货预热文案一定要直接点明直播间的优惠力度和福利措施，利用大众消费者爱占便宜的心理，使他们感到进入直播间有便宜可占，这样才能收到往直播间导流的效果。

比如“品牌护肤套装原价299（元），12月1日直播间零点秒杀99（元）”等文案。

（2）借助名人效应

如果直播间有名人、明星加持，凭借其自带流量的名人光环，就可以给直播间进行高效导流。比如，李佳琦等头部网红主播，经常会邀请明星加入直播间。如果有名人空降直播间，宣传文案或视频就可以附带名人的姓名，并添加一些直播的亮点，如此，宣传效应自然理想。

对于那些没有明星资源的直播间，也可以充分借势名人。例如，直播的产品如果有明星同款或明星代言的产品，都可以大胆地体现在宣传文案上，并附带相关热门话题，这样内容将会获得更多的曝光度和流量。

比如“×××同款，惊喜福利送不停”“一折起抢国际大牌，×××代言”等文案。

（3）转发抽奖，提升参与度

不管粉丝渠道有多少，预告宣传能够实现裂变效果才是我们的最终目的。如何才能实现裂变效果？激励粉丝转发是关键。所以，我们可以借助一些平台的互动抽奖方式，让文案传播得更快。

比如在微博、公众号发布的直播带货预告文案中，提前放送福利，号召大家一起进行有奖转发宣传。比如，关注+转发在这条文章下留言，抽1人送大牌护肤套装，末尾再次提醒直播时间。又如，转发有机会被抽取送红包、大额抵用券、电脑等惊喜福利。

当然，奖品的设置要量力而行，既要考虑预算，又要考虑对粉丝的刺激度。即奖品既不可过于昂贵，超出预算，也不可太鸡肋，根本激发不起粉丝参与的兴趣。

（4）个人主页文案预告

抖音、快手等自媒体账号的个人昵称、主页简介等是最好的直播预告的公告板。

在重要的直播活动前5天，就要及时修改相关信息，让用户和观众对直播活动一目了然。

比如，将昵称修改为“名字 + 每晚直播时间”。这种方式可以让新老粉丝直接通过账号信息了解主播的直播习惯。这种方式更多适用于上架固定商品的商家，或者商品品类比较单一的商家。

（5）站外分享和宣传

可在其他社区平台分享直播时间和内容，包括微博、朋友圈、QQ空间、微信公众号、微信群、QQ群、社群、小红书等一切可用的宣传窗口，尽可能地吸引粉丝进入直播间。

还可以选择一些相关平台进行合作，利用第三方平台宣传。例如，我们做美妆产品直播，可以和美妆产品相关的平台合作，通过他们的宣传，吸引更多粉丝进入直播间。

从时间节点上，我们可以借鉴以下三步进行宣传：

第一步，提前3～5天在会员社群传播预热。

第二步，提前1～2天在公众号推文宣传。

第三步，开播后在社群再次分享、邀约。

（6）开启同城定位

开启同城定位功能，可以吸引更多同城粉丝进入直播间。

（7）进行付费宣传

除了通过以上免费的预热方式往直播间导流外，有条件的主播还可以尝试付费推广，精准高效地为直播间吸引更多的流量。

另外，还可以根据直播平台的具体情况，购买直播推广来为直播间预热引流。比如，在直播前发布多个短视频，并找出数据突出的视频，付费投放DOU+，为直播宣传引流。点进来的一般都是新粉丝、新流量，效果非常好。

第七章

带货实战：直播带货的实施全流程

【本章关键问题】

- 如何开场能快速调动直播间的气氛？
- 如何做好粉丝互动、留住粉丝？
- 场控人员如何掌控直播节奏？
- 如何说服粉丝下单？
- 如何通过福利措施刺激粉丝的购买欲望？
- 如何营造氛围，促进成交？

1. 主播开场：做好开场，调动气氛

日本销售大师原一平曾被一位长者指点而领悟销售真谛，该长者对他说："人与人之间，像这样相对而坐的时候，一定要具备一种强烈吸引对方的魅力，如果你做不到这一点，将来就没什么前途可言了。"

做过销售工作的人都明白开场白的重要性，开头开得好，对接下来的销售工作有3个方面的好处：一是创造了良好的销售气氛，二是引起了对方的兴趣，三是做好了交谈的准备。有了好的开场，有利于销售工作顺利进行，以取得比较圆满的结局。

好的开场是成功的一半。

线下传统销售是如此，线上直播带货也不例外，而且，直播开场如果没做好，还可能导致直播间的流量数据不理想。直播间的流量数据会反馈给平台的推荐算法系统。如果开播时直播间的流量数据较差，根据平台的推荐机制，系统将不会继续给直播推荐流量，这对下一步的直播活动非常不利。

因此，主播开场不仅仅是做给直播间的粉丝看，也是做给平台的推荐机制看。主播开播环节的成败，一方面会决定粉丝的去留，另一方面也会决定直播间的流量推荐。从这一意义上讲，对于线上直播带货而言，好的开场几乎能决定直播带货的成败。

所以，搞清楚直播带货开场的玩法非常重要。在直播开始时，如何开场，最考验主播的综合素养与能力。

（1）开场话术公式

直播活动开启后，主播要简明扼要地做一下自我介绍。自我介绍要包含以下四个方面的信息：

第一，我是谁?

第二，我要干什么?（今天有什么主题的直播活动?直播间有哪些商品?直播间有什么特色?）

第三，直播间有什么优惠、福利，粉丝能得到什么好处?

第四，销售引导与参与指令。

开场白一般不超过1分钟。比如："欢迎进来的宝宝们，这是×××的直播间，今天我们所有的货都是×××直供，都是厂家一手价，没有中间商，品质有保障，数量有限，需要的宝宝们抓紧下单！"

按照以上自我介绍的逻辑，就可以这样开场：

"欢迎新进来的姐妹们，我是一名美妆主播，深耕美妆行业十余年了，有丰富的资源和专业度，所有的产品我都会自己试用，过关后再推荐给大家，请大家放心。（我是谁）

今天直播给大家准备了十几款福利款产品。（要干什么）

来，第一款直接看这款面膜啊。这款面膜不含酒精和防腐剂，温和不刺激，用完皮肤细腻又光滑。我拿货价是30多（元），今天你给我个邮费，我直接发货好不好?（给什么福利）

我们小心心点到5万的话，我们上这款产品好不好?（活动指令）

这个拿回去敷上，非常亲肤，非常舒服，效果明显，外面89（元）、99（元）一盒的产品都比不上这一款，现在你只需要邮费钱。（强调福利）

有没有支持我们家活动的宝宝，支持两个字打出来好不好?支持都没有亮灯牌吗?来，助理教一下怎么亮灯牌！（活动指令和引导）"

这就是一种比较直接且目标非常明确的直播带货开场白话术。

需要注意的是，直播间开场不同于线下销售开场。线下销售人员只讲一次开场白就行了，而直播间由于不断有新的粉丝进入，因此主播要酌情不断重复开场白，重复时要尽可能精简，尽量压缩至30秒以内，以较快的语速告知新粉丝本场直播的主题和优惠。

（2）开场白五要素

好的直播间开场白要满足以下要点：

第一，主播有热情。

主播一定要有热情，要凭借感染力在第一时间吸引住粉丝，尤其要在语言上体现出来。试想一下，如果你刷到两个直播间，一个很有激情、很亢奋，主播充分调动各种肢体语言，外加搞笑段子，另一个慢悠悠，不带任何节奏地讲解，你会选哪个？答案不言自明。

通常，激情四射的主播语速都较快，一般在每分钟200字以上，当然前提是表达要清晰。

第二，有配合。

在直播间，一定要配备几个助播或助理，你一句我一句，就能把直播间的氛围烘托起来，给粉丝一种“紧迫感”。

第三，发福利。

一个优秀的主播，不光会给粉丝介绍产品，还要会“给好处”，这样才能留住人。例如，点赞量到多少、亲密度达到多少，就可以安排一波抽奖。

第四，传达产品信息。

主播就是线上导购员。因此，我们必须在开场后尽可能短的时间内将产品信息精准传达给受众，比如粉丝关心的品牌、价格、成分、功效、发货时间和售后保障等。

第五，刺激下单。

直播带货开场白、直播带货话术，最终都只有一个目的——转化下单。因此，时刻不要忘了销售引导。

（3）开场话术模板

下面给大家分享一些简洁的直播带货开场话术，可在此基础上，结合开场话术公式进行发挥。

第一，欢迎大家来到我的直播间，今天给大家送福利了，全场美妆产品七折优惠，超多好物享受秒杀福利，赶紧点点关注，锁定直播间吧！

第二，欢迎大家来到我的直播间，今天直播间上架的都是×××品牌复购率非常高的产品，废话不多说，先来抽一波奖。点点关注，一起参与吧！

第三，今天，我要给大家分享一些我珍藏了好久的宝贝，都是我亲自试用过的好物，更有超大优惠券福利，千万不要错过哦！

第四，大家好，我是一名新主播，今天是直播带货第×××天，感谢大家对我的支持。来来来，啥也不说了，直接上货！产品好不好，看了才知道！

第五，欢迎宝宝们进入我们的直播间，今天我们直播间推出一款优惠力度巨大的产品，价格让你一看就心动，一定不要错过了哟！

第六，宝宝们，大家好，我们是×××品牌厂家直播……没有中间商赚差价，我们会给到你们难以想象的折扣。

第七，宝宝们，请少安毋躁，马上我们就来一波抽奖，抽中10位粉丝，我把手里的×××直接送给你！

2. 粉丝互动：留住粉丝，保持热度

开场白说完了，接下来怎么做？要让直播间的粉丝尽可能长时间地停留，即把进入直播间的第一波流量接好。如果主播能把这波流量接好，系统就会继续给直播间推流，直播间热度才能稳中有升。

该阶段的直播重点是做好粉丝互动，需要主播熟练地掌握互动话术和玩法，留住粉丝，保持热度，吸引更多的粉丝进入直播间。

（1）粉丝互动方式

成功的开场将直播导入正轨之后，主播要不断地同直播间的粉丝进行互动，一方面是为了调动直播间的气氛，避免冷场；另一方面也有助于建立主播同粉丝之间的强链接，吸引粉丝关注，并引导销售转化。

主播与粉丝互动可以有效带动直播间的人气，互动越频繁，人气越高；人气越高，推荐越多。互动性越强，停留时间越长；停留时间越长，成交机会越多。

直播间主播与粉丝的互动有以下几种。

第一，同产品相关内容的互动。

比如，粉丝关心的产品的成分、价格、适合肤质、发货时间等。此类互动，需要主播做到耐心和细心。因为进直播间的粉丝是随机的，有人进有人出，主播可能回答了前面粉丝的问题，但后面进来的粉丝对同样的问题仍然不清楚，所以好的主播需要保持良好的耐心，不但要不厌其烦地为粉丝解答同样的问题，而且要持续保持热情，让粉丝感受到自己的真诚。

第二，带动氛围的互动。

主播要善于发出行动指令，号召粉丝做出某种行动。在直播过程中，可

以通过“扣屏”的方式活跃直播间的气氛，让粉丝参与进来，营造热闹的感觉。比如，“喜欢这款产品的在屏幕上扣1”，这样粉丝评论就会刷起来，给人直播间的气氛很火爆的感觉。

第三，引导关注的互动。

引导关注的互动也很重要，不仅能增粉，还能活跃直播间的气氛。这里有些技巧，比如可以发红包，要求关注并回复信息才可以领取。很多粉丝为了红包就会关注主播。回复的信息也要有技巧，可以设置一些话术，比如“产品看起来不错”“主播给力”等引导性的话术。

第四，洞察粉丝需求的互动。

更高级的直播玩法，能够在与粉丝互动中，洞察粉丝的潜在需求，并将之转化为新产品，进而满足粉丝的潜在需求。

美妆品牌妮雅丝在快手平台由创始人婷姐亲自参与品牌自播。婷姐是医学专业背景科班出身，学过5年医学，还做过美妆工作质量管理，对皮肤管理及化妆品原料配方有着扎实的专业基础。通过优质的短视频内容科普护肤理论知识，加上直播时专业翔实的介绍，婷姐成功在粉丝中树立起专业靠谱的“美妆专业白大褂”的主播形象。因为经常强调产品成分的重要性，婷姐还被粉丝称为“成分党老板娘”。

在直播实战中，婷姐感受到了与粉丝互动的重要性。在直播间，她会在互动中直接提问粉丝的需求，直播间也有一些问卷调查用来统计粉丝的肤质情况及比例，现场就可以出结果，采样真实直接，比线下征集用户信息要高效真实。

通过这样与粉丝互动，妮雅丝团队开创出了独一无二的“粉丝定制直播”模式，很多时候，妮雅丝团队都是将直播间安排在工厂流水线，主播直接让粉丝在评论区对流水线中的众多半成品进行投票，选择她们想要的色号。这种耳目一新的互动方式，极大地提高了粉丝的参与热情。

妮雅丝根据直播间的互动情况，结合粉丝直播DIY来自主定制护肤品，通过柔性供应链反向定制，这样新颖的产品定制形式深受粉丝欢迎。因为产品是她们亲自选出来的，有很强的参与感。而且，在“创造”产品的过程中，粉丝就已经种了一轮草。

妮雅丝直播间中的众多爆品便是在与粉丝的互动中产生的定制产品，这种互动定制模式，不仅让产品更能满足粉丝的需求，同时也使得妮雅丝的粉丝黏性不断增强，粉丝对妮雅丝品牌形成了较高的信任度。

（2）互动话术模板

主播和粉丝之间你来我往，才能营造出更火热的氛围。这时候可以利用一些方法和话题，吸引粉丝深度参与直播。常见的直播间互动话术有以下几种。

第一，喜欢这款产品的宝宝请扣1，让我看到你们的热情，热情越高我给的秒杀价越低！

第二，想看×号产品的刷1，想看×号产品的刷2。

第三，粉丝（也可安排直播团队成员进行）提问：“有什么优惠吗？有秒杀吗？那个×××（产品名）多少钱？有优惠券吗？优惠券怎么领？”

主播答：“问优惠的那位小姐姐（最好直接说ID名），×××有优惠券×××（元），×××点可以有秒杀。”

第四，喜欢左手边这一套产品的刷1，右手边这一套的刷2。

第五，×××的粉丝在不在？在的话，评论区刷×××！

第六，感谢×××哥送的100个掌声，还没停吗？150个了，200个了，哇，炫迈牌的掌声完全停不下来！非常感谢。

第七，宝宝们，如果你们想要这款产品，把“新粉”两个字打在公屏上面，没加入粉丝团的宝宝们没有参与资格哦。

3. 直播控场：掌握节奏，张弛有度

很多美妆主播本身就是强势控场型，她们的风格——

嘴皮子溜，语速极快，声音洪亮，激情满满；

直播中，气场全开，有的放矢，冲击力强；

节奏感好，情绪高昂，手势干脆利落，表达清晰有力；

主播助播配合默契，一唱一和，天衣无缝。

但在直播中，不能仅仅依靠主播来掌控全场，直播间只有激情昂扬的氛围还不够，还需要充分发挥场控人员的作用，来掌控直播间的节奏。

直播间场控，对于主播来讲是非常重要的，主要任务是协助主播把控直播间的氛围、引导粉丝互动、处理突发状况等，这些对主播的直播节奏有直接影响，一般由主播团队的运营人员负责，也可由主播的铁杆粉丝来担任。

（1）场控的类型

根据直播团队组合和直播带货模式、定位的不同，场控主要有以下几种类型。

第一，商家型场控。

商家型场控即场控人员由商家、品牌方工作人员担任，多见于“商家、品牌方 + 主播”模式的直播带货活动，即主播受商家、品牌方邀请前往对方的直播基地进行带货，由合作方提供相应的工作人员担任场控，负责配合主播。

第二，运营型场控。

这类场控通常是运营人员出身，其优势在于擅长各种活动策划、直播脚本设计、产品定价，也熟知产品的最优上架顺序，对粉丝消费心理非常了解，在直播间能够较好地配合主播，控制直播节奏按脚本进行。

第三，家族型场控。

多见于矩阵型运营模式的主播、自媒体，在直播间，主播的兄弟姐妹，以及师傅、徒弟、师兄等都可以担任场控的角色，一方面为主播助阵，另一方面，他们对主播也更为了解，更有助于与主播实现互补，查缺补漏，避免翻车现象的出现。

第四，老板娘型场控。

多见于美妆店、网店、美妆工厂的老板娘，她们在美妆行业摸爬滚打多年，对产品和消费者都有独到而深入的了解，由她们来配合主播做场控工作，最合适不过。

第五，粉丝型场控。

粉丝型场控即由主播的铁杆粉丝来担任场控，适用于规模较小的主播团队，可以安排粉丝来维护直播间的秩序，但要确保粉丝的立场同主播保持一致。

（2）如何掌控直播的节奏

场控在直播中的职责和繁忙不亚于主播，要通过各种方式来调节、掌控直播的节奏。要做好场控工作，场控人员需要在直播前确认好直播流程，例如什么时候抽奖、什么时候开款等，可提前准备一张小纸条，或准备好电脑来做提示。

场控还需要了解直播间的产品，不仅要熟悉推广产品的成分、参数、功效等文字介绍，更要懂实际操作，关键时刻可以同主播实现互补，避免出现冷场。

第一，流程辅助。

场控人员一定要提前熟悉直播脚本、直播流程和产品。例如，对于直播流程，要知悉商品的上场顺序，什么时间用来进行商品介绍，什么时间用来分享干货，什么时间开款，什么时间用来抽奖，什么时间是粉丝互动环节。场控人员要结合主播的进度，随时关注总体直播流程，提示主播不要偏离大方向，避免主播因过于兴奋而沉浸在自我世界中，忘了直播带货的最终目标。

第二，调节气氛。

直播间的氛围直接影响粉丝的观看情绪，也会影响主播的推销效果。一流的直播间，与粉丝互动的气氛浓厚，粉丝在直播间停留的时间长、留存率高，同时直播间的人气就会越来越高。

场控在主播直播期间的主要工作就是调节直播间的气氛，带动粉丝的积极性，配合主播节奏。主播在直播间表演节目，场控在弹幕里面引导粉丝展开话题讨论。关于主播的八卦、制造话题等都是比较好的调节氛围的方式，切记所有的话题最后一定要正向引导，防止舆论失控，导致翻车事故。

总之，场控要配合主播，想方设法带动节奏，调动粉丝的积极性，避免直播间出现冷场和间隙，最终目的是引导粉丝购买。场控人员要在主播的能力基础上，将直播间的氛围渲染、调节至更高一个台阶。

第三，补充短板。

主播在某些方面的能力很可能出现短板，比如对产品的了解、对脚本的执行出现偏差等。这时场控就需要补齐主播的短板，主播缺什么就补什么，同时要帮助主播矫正方向，按既定的目标和规划，推动直播活动顺利进行。

第四，维持秩序。

原则上，粉丝可以在直播间畅所欲言，但对于一些不和谐的声音如辱骂粉丝、粉丝互掐、恶意带节奏、诋毁产品等，以及广告信息等影响直播间正常氛围的情况，要予以制止。

另外，直播间也会遇到一些商业合作或优质粉丝需要主播下直播后沟通的情况，场控要及时予以回应，记录联系方式，以便于主播后续快速高效地进行回复。

第五，突出主播、陪伴粉丝。

场控在直播间要处于一种隐身、半隐身的状态，既要发挥自己的控场作用，也要尽量别浮出水面，更不要喧宾夺主，盖过主播和粉丝的风头。切忌盲目站队、盲目跟风，一定要突出主播和粉丝，不抢话题，及时提醒主播参与同粉丝的互动。

场控不仅要突出主播，同时还要做好粉丝的陪伴工作，在气氛调节中也要突出粉丝的存在，同粉丝进行互动。对于高质量的优质粉丝团，要做到进场欢迎、离场欢送、提醒主播、及时互动，并且适时地给主播送一些热场礼物，要衬托粉丝弱化自己的存在感，包括弱化自己在直播间的存在感以及榜单的存在感。

第六，反馈数据。

场控要及时将直播间的数据反馈给主播，要实时关注直播间粉丝的反馈和直播产品的销售数据反馈，比如说某款产品卖得很好，可以提醒主播适当延长时间，否则要进行下一款，避免粉丝因不感兴趣而流失。

场控做好上述工作的前提是充分熟悉产品、脚本和主播，只有这样才能完美地发挥自己的作用。

（3）注意事项

直播间场控的主要目的就是活跃直播间的气氛以及和粉丝互动，让直播按既定流程、节奏推进，同时在整个过程中弱化自己、突出主播、突出粉丝，不可迷失方向，忘记了自己的场控身份和职责，造成不良结果。对此要注意以下几点：

①不要盲目带队、盲目跟风，不要忘记自己的辅助管理身份，盖过粉丝风头。

②要对主播负责。场控在直播间就是主播代表，场控的不当言论会对主播的形象造成不良影响，导致人气流失，从而影响直播带货收益。

③场控要对整个团队负责，始终牢记直播带货的任务和目标，协助主播推动成交。

4. 说服下单：讲解产品，打动粉丝

主播开场、参与粉丝互动，活跃直播间的气氛，拉升人气。场控人员进行控场，维持直播间的秩序和节奏，这些都不是最终目的，直播间的最终目的是直播带货。没有成交的直播带货活动等于零。主播和直播间的其他团队成员始终不要忘记最终使命——做好产品讲解，说服粉丝下单，往成交的方向指引。

（1）卖点说服法

所谓卖点，简单来说，就是一个让粉丝接受的消费理由，最佳卖点也就是最强有力的销售理由。

美妆产品的卖点可以是品牌、成本、功效、品质、产地、包装、性价比等。产品的卖点可能有很多，但每个产品都有它的核心卖点。传达销售主张的卖点必须强而有力，必须聚集到一个点上，以此打动、感动粉丝来下单购买产品。

因为任何一款产品都会有非常多的卖点，所以切忌面面俱到、均衡用力。比如，美妆产品可能有祛斑、美白、去皱、淡化细纹的功效，但如果每个卖点都详细讲解，一是时间不允许，二是无法突出核心卖点，不能让粉丝产生眼前一亮的感觉，也就不会让粉丝产生强烈的购买欲望。

李佳琦推荐产品的时候，最多只会着重讲解产品的一个到两个卖点，并将核心卖点讲透，用多种方式来证实自己的观点，于是就形成了独特的销售主张，直播间转化率就非常高。

（2）痛点说服法

所谓痛点，是指粉丝在使用产品或服务的过程中更高、更挑剔的需求未被满足而形成的心理落差和不满，这种落差和不满会在粉丝心智模式中聚焦成一个点，成为负面情绪爆发的原点，让粉丝内心感觉到痛。

痛点的本质在于比较，无论是内在的比较还是外在的比较。没有比较就没有落差，没有落差就没有痛苦，没有痛苦就没有痛点。

痛点是一切销售的诱因，更是一切商业和一切产品的根本策动点，对直播间销售来说也不例外。

简单来说，痛点就是粉丝在正常的生活当中所碰到的问题、纠结和抱怨，如果这个事情不解决，他就会浑身不自在，他就会很痛苦。

主播要做的就是发现某个问题，然后解决某个问题，最后堂而皇之、义正词严、毫不客气地提出来，告诉粉丝：我能帮你解决这个问题，如果你有这个问题，就选择我。

痛点说服法通常包括以下几个步骤。

第一，提出问题。结合消费场景提出粉丝痛点以及需求点。

第二，放大问题。放大问题就是把容易忽略的地方尽量放大，再结合产品介入。

第三，引入产品。以解决问题为出发点，引入产品。

第四，给出证据。结合产品的核心卖点，给出能解决某个问题的证据。

例如：“春天来了，姐妹们是否因为换季，脸上开始爆皮？（提出问题）是否上妆后开始卡粉？怎么补水都不见效，简直没法出去见人？（放大问题）那给大家的保湿推荐来了，这款面膜（引入产品），它主打保湿，不含酒精、色素（给出证据）……”

（3）痒点说服法

不痛不痒，何来成交?

痛点对应的是相对紧迫的需求，是粉丝必须设法尽快解决的问题。

如果说痛点对应的是粉丝必须尽快解决的问题，那么痒点就是粉丝心中“想要”解决的问题、“想要”得到的商品、“想要”享受的服务。

粉丝有了痒点，也并非一定要得到相应的商品，但他们一旦听说、看到这样的商品和服务，心里就痒痒，就特别感兴趣、特别向往，渴望拥有，渴望享用。

其实这个痒点还可以设置得更高级一些，比如直播间代金券仅限当天使用，往往更能挠中粉丝痒点，刺激其更快下单。

痛点对应的是解决粉丝想要解决的各种问题、麻烦、痛苦、不适，而痒点就是满足粉丝更深的欲望、更高级的需求。

痒点说服法常用于奢侈品行业，且效果显著。例如，几十万（元）的爱马仕包包提在手上，立马变名媛，这就满足了粉丝的欲望。

对于大品牌美妆产品、美妆奢侈品，主播可以尝试采用痒点说服法，例如：

“我今天要推荐的这款化妆品是‘贵妇级’的，因为很多外国皇室贵族、上流社会人士都在用它。这款产品的成分非常珍贵，提取也很困难，更重要的是，这款产品的效果很惊人，涂上之后，效果肉眼可见……”

“这款顶级品牌×××出品的睫毛膏是明星化妆台上的常客，女明星×××、××都在用，×××、×××你们都知道吧，她们还在自己的公众号上推过这款产品……使用这款睫毛膏，你的气质也能堪比明星。”

利用痒点促成交易，有两个前提。

第一，发现粉丝的痒点，并设法通过语言和行为，去挠中粉丝的痒点，使其心里痒痒，不买就感觉不舒服，就是一种损失。

第二，粉丝要有相应的购买力，即意欲推销给粉丝的产品，要在其经济承受范围之内，可适当超出粉丝的购买力，但不可超出太多。

（4）自用说服法

在直播的过程中，主播可以利用“从众心理”来说服粉丝，即主播本人就在用这种产品，尤其是明星主播、网红主播、达人主播等意见领袖的自用款，会快速获取粉丝信任，促进粉丝下单。

例如：“这个粉饼是我自己在用的，小小的，直接装在包里，平时上班或出去玩都能带，持续补妆，一整天的妆容都是精致的。”“我自己就在用，已经用了10瓶了，出差也天天带着！真的特别好用！”

自用说服法也是李佳琦爱用的。在李佳琦的直播间，“李佳琦自用款”通常是直播间产品的品质保障和爆款保障。

把自用款抛出来，为产品做背书，能提高粉丝的信任度和成交率。但千万不要每一个产品都说自用款，否则显得不真实。

5. 福利宠粉：福利激励，激发欲望

直播间里的粉丝一般有两类。

第一，目标明确的粉丝。

他们是奔着主播、奔着某款产品而来的。他们的目标得到满足后（看看主播、购买到某款产品）后，通常就会离开，只有主播的铁杆粉丝，才会常驻直播间，陪伴主播直到结束。

第二，随机粉丝。

随机粉丝即随机进入直播间的粉丝，他们稍作停留后，如果发现主播不对自己胃口，直播间也没有自己喜欢的产品，就会离开。

对于以上两类粉丝，除非是铁杆粉丝，否则我们都需要做好留存。如何挽留他们？最好的办法是准备一些福利激励措施，可以准备一些性价比高的产品、秒杀产品，以及有噱头、粉丝感兴趣的代金券、抽奖活动、免单活动、赠品营销等，比如第二件一折、赠品营销、优惠券等，以送福利的方式或者抽奖的方式送给粉丝。这样做一方面有利于促进成交，另一方面也能延长粉丝停留的时间，提高直播间的热度，吸引更多粉丝进入直播间，形成一轮接一轮的高热度、高人气的直播间互动。

（1）提供多种福利激励措施

主播要懂得适时回馈粉丝，借助各种福利激励措施（表7-1），比如分享红包、秒杀、免单等，来激发直播间粉丝的下单热情。

表7-1　直播间的福利激励措施表

福利激励措施	详情
分享红包	主播设置红包，粉丝领取红包的方式就是分享直播间，这样可以提高直播间的人气和增加粉丝的有效时长
粉丝专属福利券	主播可以为进入直播间的新粉丝设置粉丝福利券，有效提升转粉率，提高粉丝忠诚度
秒杀产品	即提供一定量的超低价免单产品，全靠手速抢
免单机会	提供抽奖中免单的机会，吸引粉丝积极参与互动
随机福利	通过不定时随机福利发放，吸引粉丝长时间停留在直播间，增强粉丝的黏性
抖币红包	抖音平台的一种粉丝福利，主播通过在直播间送抖币红包，为粉丝发福利，吸引更多流量，也让粉丝停留的时间变得更长
直播间福袋	主播可以设置不同类型的福袋，通过福袋礼物吸引粉丝停留，有效延长直播间粉丝停留的时长
捆绑折扣活动	比如买一发二、第二件半价等捆绑促销活动
猜价格	引导粉丝猜测直播间产品的价格，实际售卖时给出一个低于粉丝预期的福利价，激发粉丝购买热情，提高成交量

此外，主播还可以通过同品牌方讨价还价的方式来为粉丝谋福利，从而刺激粉丝下单购买。

其实就是主播和产品提供方（老板）的砍价，老板可以只出声，不出现在镜头中，例如——

主播："老板你看屏幕上粉丝的留言，大家对这款产品都很感兴趣，直播间进来的很多都是我的老粉丝，你看能不能再多给他们一些福利，每件价格再降10（元），现在就直接让客服改价格！"

老板："不行不行，绝对不行，这个价格已经最低了，再低我们厂家的权益就不能保障了。"

主播："直播间的朋友们，也请大家理解一下，这款产品不同于其他产品，确实利润空间不大，再加上这款产品质量确实很好。这样吧，看在有很多忠实粉丝想要购买的分上，这优惠的10（元）算我个人的，算是我给大家的福利，不用老板承担，麻烦客服小姐姐改一下价格，想要的朋友抓紧抢购，只限200件。”

这种争吵，主要目的是营造主播为粉丝谋福利的氛围，同时也让粉丝意识到产品价格确实已经到了极限，老板都不肯再降价，而需要主播来补贴粉丝，让粉丝感觉下单会得到更多实惠，这样就有助于实现更多的成交。

（2）福利激励技巧

直播间福利激励措施的推出，要掌握好节奏，不可一股脑全推出，否则，粉丝没有了期待，也会随时退出。因此，主播必须把握发福利的节奏，时不时给粉丝制造一些惊喜。

第一，定时发放福利。

可以定时发放红包，比如每半个小时发放一次红包，但不强调具体时间，以免某些粉丝特意等固定时间前往直播间领福利，领完之后又很快退出，如此粉丝必然流失一部分。因此，如果发放的是现金红包，主播可以这样说：“我今天给大家准备了×××的红包，我会分×次发出去，从现在开始，大概每半个小时发放一次。所以，要想抢现金大奖，一定不能离开我的直播间哦。”

第二，根据点赞量派发福利。

许多平台的直播间都有点赞功能，主播可以提醒粉丝，当点赞数达到一个具体的数字时，就会派发福利。如此，粉丝便会在直播间一边点赞，一边观看直播，而且什么时候达到点赞量也是个未知数，无形中增加了粉丝停留的时间。

第三，不定时地重复福利信息。

直播间人进人出不断，为了让新进入的粉丝及时了解优惠福利信息，提高随机成交率，主播需要根据直播间的流量情况，不定时地重复福利措施和优惠信息。首先是正在过款讲解的产品的优惠信息，其次是整场直播活动还没推出的福利、优惠措施。

例如，某美妆主播是抖音平台资深的人气主播，每当有一定数量的粉丝涌入直播间，她都会强调一番优惠信息：“刚刚看了一下，又有很多宝宝进入了直播间，我再给这些新朋友重复一下当前这款产品的优惠信息。这是直播间定制款，现在买二发三，前十名下单的宝宝还能享受五折优惠。另外，当直播间的人数达到指定人数后，我还会不定时地为大家发放各种福利，还有免单机会哦！一定不要走开哦。”

6. 催单成交：营造氛围，促进成交

相关统计数据显示，直播带货的转化率，低的能低至2%左右，而一些转化率高的直播间，则能将转化率做到14%以上。高转化率的直播间，除了高标准的选品、高效的团队配合和一流的主播之外，还有一个重要因素，即在关键时刻善于催单。擅长催单的主播，其直播转化率通常会很高。

直播带货，主播及团队成员在直播间所做的一切工作、一切活动，最终都只有一个目的——转化下单。

因此，等直播间的情绪、氛围烘托到一定的程度，主播就要善于踢出临门一脚，巧妙地进行催单，促进成交转化。

（1）催单的两大关键

主播催单，要把控好两个关键点。

第一，先吊足粉丝的胃口，找准时机宣布产品的价格，让他们觉得“物超所值”。

第二，强调促销措施，包括限时折扣、现金返还、随机免单、抽奖免单等，让粉丝热情达到高潮，催促粉丝集中下单。

（2）用限时限量秒杀催单

心理学上有一个名词叫作损失规避。相关研究表明，对于同样数量的东西，人们在失去它时所遭受的痛苦要远远大于得到时带来的欢乐。换句话说，人们对损失、失去的反应要比得到的反应敏感得多。相对于得到，人们更不能容忍失去，因此，就会有意无意地去避免失去。这种心理就是损失规避心理。

从销售心理学角度来看，消费者“怕失去”“怕错过”的感性思考，其优先级要远远高于“这个东西到底对我有多大用”“这个东西到底划不划算”这类的理性思考。所以，饥饿营销屡试不爽，就是基于这一因素。

我们在日常的消费中，无论是线下消费还是线上直播间购物，都会遇到各种各样的促销打折活动，其中又以限时限量秒杀最为常见，也最为有效。

事实证明，限时限量促销之所以屡试不爽，就在于商家抓住了消费者的损失规避心理，通过限时、限量、秒杀等促销手段，让消费者产生一种“过了这个村就没这个店”“再不抓紧下单，就会被别人抢光”的心理，最后会得不到优惠，同高性价比的商品失之交臂，这是他们心理上所不能容忍的。因此，面对限时、限量的促销，他们会瞬间摆脱犹豫不决的徘徊状态，转而下单购买，生怕抢不到。

主播要善于通过限时、限量秒杀活动来制造商品的稀缺性，越是稀缺的东西，人们越是趋之若鹜。要让直播间的粉丝明白，如果不抓紧时间下单购买，特价促销的产品很快就会断货、下架，就会错过、遭受损失。

话术参考如下：

①我接下来要介绍的产品，大家要拼手速抢了。这款产品的优惠力度超级大，品牌方只准备了100套在直播间销售，并且每人限购一套。谁的手速够快，谁就能抢到。这款产品的优惠是……

②数量有限，如果你看中了，一定更要及时下单哦，马上就要卖完了哦！

③先付先得，最后1分钟！想要的宝宝不要犹豫了，活动马上结束了！

④主播：（问助手）咱们1号链接的产品还有多少件？

助手：就剩10件了！（声音要急促要大）

主播：就剩下最后10件了，要下单的朋友们要抓紧喽！

（3）常用催单话术

抛出限时限量抢购活动后，主播还应充分发挥话术优势，不断强调产品的性价比优势，不断强调所剩数量不多，刺激粉丝，发出购买行动指令，来激发他们的下单欲望。类似的催单话术主要有：

①需要的朋友们抓紧时间下单了，现在不下单，以后就再也买不到这么便宜的货了，这款产品就销售这一场，现在不买就只能等明年了！

②这款产品真的数量有限了，只剩最后××件了，都是品牌下属工厂直发，卖完就下架！

③不用再想了，需要的直接拍，现在是拼手速的时刻，手慢真的抢不到了！

④今天的秒杀数量非常有限，仅限50件，往后价格只会越来越高！

⑤这个价格，这种质量，只有在这个直播间才可以享受到，因为产量有限！

⑥数量有限，如果你看中了一定更要及时下单哦，马上就要卖完了！

⑦直播间的朋友们，先付款先得，请下单的朋友尽快付款，最后2分钟！最后2分钟了！

（4）下播话术

直播即将结束，直播间销售目标顺利达成后，主播要准备一些下播话术，感谢粉丝陪伴，同时对下期直播进行预告。话术模板如下：

①感谢××××位在线粉丝陪到我下播，更感谢从开播一直陪我到下播的粉丝×××、×××（榜单上的，点名就行），陪伴是最长情的告白，你们的爱意我记在心里了。

②我马上就要下播了，希望大家睡个好觉、做个好梦，明天新的一天好好工作，我们下次见，喜欢看我直播的朋友记得点关注哦。

③我还有5分钟就下播了，非常感谢大家的陪伴，今天和大家度过了非常愉快的时光，我最后给大家抽个奖好不好？大家记得关注我，下次开播就会收到自动提醒信息，我也会想念大家的。

第八章

售后复盘：兑现销售承诺，做好售后复盘

【本章关键问题】

· 直播复盘的维度有哪些？

· 如何界定各方的售后服务责任？

· 如何做好售后服务，处理用户投诉？

· 怎样应对居高不下的退货率？

· 遇到黑粉诋毁怎么办？

1. 数据复盘：直播复盘的方法与步骤

直播带货活动结束后，最重要的一件事情是什么？答案是复盘。直播复盘的目的，是总结成功经验、吸取失败教训，是找出问题、分析问题、解决问题、指引方向，如此在接下来的直播带货中才能少走弯路。

但现实中有大量主播没有复盘，或者不会做复盘，也没有看直播数据。要知道连头部大主播李佳琦，在每场下播后都会复盘到深夜。没有复盘就不会知道直播的问题出在哪里，更不知道怎样去优化。若带着一堆问题接着播下一场，这样的直播带货怎么会有提升呢？

直播复盘，有以下四个维度。

（1）人员复盘

人员复盘，即对参与直播的所有工作人员的表现进行复盘。直播带货是团队所有成员配合的过程，因此，直播复盘需要清晰地了解直播过程中每个人的工作是否执行到位（表8-1）。

表8-1　人员复盘

岗位	复盘重点	关注细节	表现打分（1～10分）
主播	直播状态	直播过程中的话术、产品讲解、控场情况等	
场控	直播效果	直播中的实时目标关注能力、突发事件预警能力、直播间整体视觉效果，以及流程安排、拍品效果等	
运营	投放效果	预热视频的准备和发布，如巨量千川的投放操盘问题，包括视频发布、投放时机和目标、投放金额与效果	
助理	后台配合	上下架产品、库存播报、优惠券发放情况	
客服	粉丝服务	福利说明以及可能存在的售后问题，直播过程中回答粉丝的提问	

为了便于进行人员复盘，建议对直播过程进行录屏，以待事后观看。

（2）产品复盘

产品复盘即对进入直播间的货品进行复盘，主要是分析直播间的选品逻辑是否合理，引流款、利润款、主推款的分配是否合理，过款流程的安排是否合理，产品的核心卖点提炼是否到位，以及直播间的产品展示是否清晰美观等。

产品复盘要做到：

第一，筛选出销售数据最好的产品，下一场直播增加库存或者增加类似款。

第二，筛选出粉丝最喜欢的产品，下场直播继续作为福利款，以增加人气。

第三，筛选出退货率最高的产品，从下一场直播带货中移除。

（3）数据复盘

在直播结束之后，可先从直播后台中导出一份所需的数据，比如评论数、粉丝新增量、销量、用户画像等数据，与之前的直播数据作横向、纵向对比，找出数据背后所代表的具体类目。

数据复盘主要从直播间粉丝的停留时长、转粉率、老粉丝的活跃度等维度对数据进行分析。直播间粉丝的停留时间越长就表示粉丝对直播间越感兴趣。转粉率就是进入直播间观看的粉丝，在结束后有多少人转为粉丝，即从公域流量到私域流量的转化。老粉丝的活跃度表示已关注粉丝在直播间的活跃度，因为这些老粉丝的活跃度在一定程度上决定了直播带货的成交率。

我们在进行直播数据复盘的时候，要重点关注以下3个方面的数据。

第一，直播数据。

直播数据包含场次、日期、直播时长、当场的PV和UV、粉丝流量占比、评论人数占比、在线人数峰值、平均在线人数、粉丝人均观看时长、新增粉丝数、转粉率。

其中，重点关注的数据如下：

①平均在线人数：这个数据直接决定了直播带货的变现能力，通常直播间平均在线人数有100人左右，就具备了直播带货的基本条件。

②观看人次：观看人次是衡量直播间人气的关键指标。

③平均停留时长：反映直播内容是否有吸引力。一般取决于主播的留人能力和选品能力，一般平均停留时长超过2分钟，即是优秀水准。

④互动率：反映了主播与直播间粉丝的互动情况，直播间粉丝的互动情况是影响直播间人气的关键因素。一般互动比例达到10%算是不错的数据，低于5%就要考虑对直播间的“人、货、场”进行优化。

⑤转粉率：反映直播间的拉新能力，与主播的个人能力、商品、场景、团队配合都有关系。优秀的主播能做到5%以上。

第二，电商数据。

电商数据包含成交人数、销售额、转化率、粉丝下单占比、UV价值、客单价。

其中，重点关注的数据如下：

①客单价：客单价反映直播间粉丝的购买水平，产品的定价、销售策略、选品组合等均会影响客单价的高低。

②成交人数：可用来评估直播间的流量价值和潜在客群转化情况。

③转化率：用来评估直播的带货效率，通常行业平均水平为2%～5%，好的主播能做到5%甚至10%以上。

第三，投放数据。

如果直播间有广告投放，一般投放的数据是由负责投流的投手记录，包含消耗、订单数、GMV、流量、1分钟停留情况、ROI（GMV/投放金额）等。

（4）场景复盘

场景复盘相较于人员、产品和数据的复盘是比较简单的，主要是复盘直播间布置、室外场地布置、直播间背景、直播间灯光设备、商品陈列等，对合理的地方继续保持，不合理之处予以改进、完善，打造用户体验度更佳的直播间。

2. 售后责任：直播带货方的责任划分

成交并不意味着销售的结束。在传统销售观点看来，“成交之后才是销售的开始”，因为成交后还有一系列的售后工作需要去完成。

在传统销售模式下，销售主体比较明确，售后服务的提供方也比较清晰明了。但在直播带货销售模式下，参与主体多元、责任划分不清成为售后服务责任履行的最大障碍。直播带货出现售后纠纷后，商家、主播、平台、运营方往往相互推诿，抬高了消费者的维权成本。所以，售后服务难以保障成为直播带货的一大痛点。

因此，界定直播带货参与主体各方的售后服务责任就成了当务之急。

（1）根据带货模式界定责任

从直播方来看，直播带货主要有两种模式。

第一，类销售公司。

一种与线下零售、电商并行的新型卖货服务，为企业提供售前、售中、售后服务。比如，自己组织货源、发货并提供售后服务的直播团队，也包括大多数店播团队（线下实体美妆店、线上网店），他们都是亲自提供货源并负责售后服务。

第二，类广告公司。

直播仅仅为产品代言，不对企业（商家）销售负责。

从与品牌商的合作方式来看，当前的绝大多数直播带货主播、直播带货公司属于类广告公司，只负责将产品推销出去，而不负责售后服务。

那么，对于售后问题，品牌商、带货主播（公司），究竟应由谁来承担责任呢?

中国政法大学知识产权研究中心特约研究员赵占领的观点是：

第一，主播为自己经营的产品做宣传。在这种情况下，责任很明显，主播的角色就是产品销售者，如果宣传内容虚假，则其涉嫌构成欺诈，需要承担假一赔三的法律责任。

第二，主播为其他商家的产品做宣传。在这种情况下，主播的角色其实是广告经营者及广告发布者，因此需要对商家的广告真实性、合法性尽到审查义务，否则就要对此承担连带责任。

因此，从带货方（主播、带货公司）的角度来看，在提供售后服务上，存在着一定的障碍点和难点，尤其是在类广告公司的带货模式下，因为主播和带货公司只负责带货，而产品配送及售后服务均由品牌方提供，这就需要双方做好衔接，充分安排好售后服务问题。

从法律角度来看，在类广告公司模式下，商家和主播的关系会被认定为广告主与广告发布者的关系。出现纠纷后，该主播是否需要承担相应的责任，需要根据实际情况，结合《中华人民共和国广告法》的相关内容进行分析确定。

（2）参考《直播电商营销与售后服务规范》

2022年10月14日，广州市地方标准《直播电商营销与售后服务规范》正式实施。该规范对直播主体、商家和直播营销平台三大直播电商参与方的售后服务责任进行了详细界定，具有很高的参考价值，详情如下（表8-2）：

表8-2　直播参与各方售后服务责任界定

直播前（售后）服务要求	
直播参与方	售后服务要求
直播主体	直播主体直播前的工作包括但不限于以下内容: （1）可与商家、直播营销平台签订相关的服务质量协议，以明确各相关方提供的售前、售中、售后服务。 （2）可对商家提报的售后保障方案进行评估，确保商家的客服人力配置、人员服务能力。 （3）可开通商家销售与广告载体账户的监控权限，监控商家的服务履约能力。 （4）应建立应急处理机制，明确投诉处理流程和反馈期限，积极解决消费者投诉
商家	商家直播前的服务包括但不限于以下内容: （1）应提前与直播主体确定交付时间、现货数量、预售数量、物流方式、退换货方式和处理期限、投诉处理流程和反馈期限等服务方案。 （2）应根据服务方案，提报的现货数量、预售数量、预售日期等评估配置相应数量的客服人员。 （3）宜根据产品特性，提前准备售后保障方案，以快速解决消费者提出的商品、售后、物流、购买等相关问题的咨询。 （4）宜对客服人员提前进行岗前培训
直播营销平台	直播营销平台直播前的服务包括但不限于以下内容: （1）应提前建立售后保障体系，并与商家、主播和直播营销人员服务机构等相关主体之间明确各自权利、义务和责任。 （2）宜提前采用适宜的信息技术以支持商家和直播主体的售后服务和投诉举报处理等，并明确相应的处理流程和反馈限期
直播中（售后）服务要求	
直播参与方	售后服务要求
直播主体	直播主体在直播过程中服务的内容如下: （1）应准确、清晰地介绍或标示商品价格、交付时间、现货数量、预售数量、物流方式、服务承诺、退换货方式等信息，对可能危及人身、财产安全的，应当作出明确的警示并说明和标明防止危害发生的方法。 （2）应积极解答消费者咨询的问题，对商品或者服务的质量和使用方法作出真实、明确的答复，必要时安排主播、直播营销人员等进行演示
商家	商家应按照服务方案组织客服人员在线积极地解决消费者的诉求
直播服务平台	在直播中，应以显著方式展示售后服务以及争议和投诉处理等信息，或显示信息的链接标识，并提供违法违规举报通道

（续表）

直播后（售后）服务要求	
直播参与方	售后服务要求
直播主体	直播主体直播后的服务包括但不限于以下内容: （1）应积极履行直播间的交易承诺，并督促商家履行对消费者的交易承诺。 （2）消费者申请退换货或退款时，应督促商家、直播营销平台及时处理。 （3）应建立不低于一种消费者投诉渠道。根据应急处理机制，在反馈期限内受理并解决消费者诉求。 （4）当消费者投诉无法得到及时处理时，应积极协调平台和商家，推动问题解决，必要时启动应急处理机制解决问题。 （5）监控商家的服务能力，通过直播账号和其他渠道了解消费者的诉求，并推动商家履行交易承诺，提升服务质量。 （6）当商家服务能力不能满足消费者需求时，直播主体可督促商家调整服务方案。 （7）出现违背承诺、要求赔偿等严重情况时，及时核实情况，与消费者协商处理，并与商家共同商议解决方案，推动问题解决
商家	商家直播后的服务包括但不限于以下内容： （1）依法经营，履行消费者权益保护、知识产权保护、网络安全与个人信息保护等方面的义务。 （2）应根据服务方案、平台规则、与直播主体签订的售后协议及相关法律法规要求等，履行交易承诺，积极解决消费者诉求。 （3）应根据服务方案的处理期限或与消费者约定的期限，受理消费者提出退换货和退款的要求。 （4）应建立不低于一种消费者投诉渠道，根据服务方案的反馈期限或与消费者约定的期限，受理并解决消费者诉求。 （5）对不属于自身职责内的投诉宜告知消费者实际情况并协调处理。 （6）出现违背承诺、要求赔偿等严重情况时，应联系消费者和直播主体核实情况，并与直播主体共同商议解决方案，推动问题解决。 （7）应及时处理商品促销活动的内容、服务承诺、领取方式等咨询。 （8）应及时处理商品支付、物流配送、退换货承诺等服务流程的咨询

（续表）

直播后（售后）服务要求	
直播参与方	售后服务要求
直播营销平台	直播营销平台直播后的服务包括但不限于以下内容: （1）应建立健全信用评价制度，为消费者提供对商家、主播等提供的产品或服务进行评价的便捷途径，售后服务评价体系宜遵循GB/T 27922、SB/T 11052和ISO 22059的有关规定。 （2）应制定发货规则并纳入信用评价制度，明确商家发货期限，督促商家按照平台发货期限或与消费者约定的期限发货。 （3）应提供投诉举报、退换货和退款通道，制定对应的处理流程、处理期限等售后服务方案并纳入信用评价制度。 （4）对消费者的诉求，平台应及时处理或督促直播主体、商家在售后服务方案的处理期限或与消费者约定的期限内受理并解决；被投诉方未按处理流程或处理期限内解决问题的，平台应介入并提供解决方案；平台内无法解决的诉求，应向消费者提供其他维权渠道

3. 完善售后服务，妥善处理售后投诉

随着直播带货这一新兴销售方式的迅速发展，相应的问题也随之而来：售卖过程中的虚假宣传问题、直播带货中的产品质量问题、售后投诉问题等逐渐增多，消费者的合法权益受到了挑战。

南都民调中心消费舆情与公众生活研究课题组曾汇总2020年3月1日至2021年2月28日共计1371条针对直播带货平台的投诉，并对此展开数据分析。数据分析结果显示：

直播带货的投诉主要集中在商品售后、商品质量、虚假/误导宣传以及客服态度等四个方面。在1371条投诉中，商品售后方面的问题最多，有782条，占比达57.04%；有36.40%的投诉者反馈自己在直播间购买的商品质量有问题；31.29%的投诉者反馈自己遭遇虚假/误导宣传；10.50%的投诉者则表示自己遇到的客服态度欠佳。

遇到上述售后服务问题，作为一个负责任的主播，应当如何解决呢？

（1）完善售后服务

成功的售后服务工作，需做好以下几点：

第一，低调承诺，超额兑现。要建立信誉度，不要做出你不能兑现的承诺。

第二，关注小事情。要养成快速回复消费者疑问，以及第一时间做出其他售后回应的习惯。跟进，跟进，再跟进。

第三，与忠实粉丝保持联系，并做好记录。花些时间来记录粉丝消费和售后沟通的相关内容，这对于直播复盘和提升运营服务水准、提升粉丝满意度、维系忠实粉丝对主播的支持有很大帮助。

第四，建立一个反馈系统，了解粉丝是如何评价直播方提供跟进服务的质量和数量的。跟进服务就是要了解粉丝是如何感知、如何评估售后服务的价值的。对于跟进服务而言，粉丝的感知说了算。

对于售后服务中的具体问题，应做到以下几个方面。

第一，耐心回复发货问题。

直播结束后，对于已下单客户提出的各种售后问题，要有专人负责对接、解答，对消费者提出的以下问题，要及时做出回应:

①订单何时发货?

②物流信息，比如快递公司、物流公司及单号信息。

③货物运输途中出现的其他问题。

如果对于客户的售后回复不及时，或直接不予理会，很可能会招致差评。

第二，主动联系客户。

交易结束且货物送达签收后，客服应主动联系客户。首先，询问客户对货物是否满意、是否有损坏。如果没有问题，那就请对方确认和给出好评。这样就掌握了所谓的“优先权”。当客户对产品满意的时候，客户会有感于直播方的主动售后服务而给出一个大大的好评。即使遇到某些售后问题，客户的不满情绪也会因销售方的主动介入而大大缓和。

第三，及时回复评论。

对于消费者给出的消费评论，要第一时间予以回复，对好评表示感谢，对于中差评，更应及时处理，做出解释、沟通，尽量消除差评。

第四，认真对待退换货。

直播结束后，售后团队发货前要检查、核对包裹，不要弄错产品型号和尺码，同时，杜绝将有缺陷的产品发出。如果遇到运输或其他原因造成的货物损坏或者确实是产品本身的问题，当买方要求退换货时，只要符合条件，主播方应该欣然同意买方的要求，不要设置不合理的退换货障碍。

（2）妥善处理投诉问题

消费者投诉的是那些让他们感觉到不满甚至愤怒的点，如果解决不好这些点，会危及与客户的关系，影响口碑，同时也可能在新阶段的直播带货中，遇到同样的障碍和问题。因此，务必予以重视。

消费者提出抱怨或投诉，表示他们对售后的某些环节表示不满。售后服务工作中最棘手的就是处理此类事情。但是，我们换位思考一下。消费者有投诉与抱怨是表明他们对直播带货方仍有期待，希望直播带货方能改进服务水平。他们的投诉与抱怨实际上是改进工作、提高客户满意度的机会。如果消费者的投诉与抱怨得到圆满解决，其忠诚度会比其他客户更高。所以说，投诉与抱怨并不可怕，可怕的是不能有效地化解抱怨，最终导致客户的流失。

对于售后投诉问题，主播应同商家一道，配合直播平台建立投诉处理制度，明确处理流程、节点、反馈期限和各方责任。

第一，主播要主动承担起责任。

在大多数情况下，消费者购买直播间的产品出现质量问题时，都会第一时间把产品售后责任归咎在直播带货主播身上。在他们看来，即便货品质量更多是品牌方的责任，但也该由主播来承担一部分。

正如一位消费者所说：“消费者绝大多数是因为信任直播带货主播的口碑，而不仅仅是因为价格优惠而购买产品。主播的存在就是为产品做背书和广告，就是为用户挑选优质合格的产品，所以应该承担连带责任。”

因此，面对消费者的售后投诉问题，主播方无论如何都不能推卸责任。

例如，某头部美妆主播非常注重售后投诉问题，她会要求和商家一起做售后服务工作，会跟品牌方进行一系列沟通，包括售后服务如何才能更完善，如何把控商家的产品品质，如何安排质检、确认库存，如何审核标准化，有没有直播间专属优惠……一旦出现投诉，如果商家没有给粉丝及时回复和处理，主播团队会作为中间桥梁进行协调管控。

第二，主播要敢于为粉丝兜底。

一些信誉形象良好的主播，在商家、品牌方不愿妥善处理售后投诉问题时，会勇敢站出来积极为消费者解决问题，为粉丝兜底，从而赢得了良好的口碑和形象。

例如，李佳琦就在售后服务上采取了很多为消费者“兜底”的措施。他的直播间首创了“1号客服”，即直播间的1号链接对应的是李佳琦自己的客服团队。消费者可以第一时间联系李佳琦直播间的客服，他们会协助消费者跟品牌方沟通处理售后问题。

例如，有消费者曾于2021年9月在李佳琦直播间购买了某产品，后来出现质量问题，品牌旗舰店表示无法退换，建议消费者重新购买。消费者无奈又找到了李佳琦直播间小助理，小助理随即表示可以给客户免费补发一件产品。

大主播确实有大格局，也难怪有粉丝表示：“李佳琦就是我网购的保障，即便商家不管售后，李佳琦直播间也会管。”

第三，处理投诉的基本原则。

投诉的客户犹如一堆干柴，任何一点火花都可能燃起满腔怒火。如果在沟通的过程中，负责调解的人员态度不当、用语不当，就容易使客户火冒三丈，使矛盾更加激化。因此，在处理客户投诉时，要把握好“六个一”原则：“耐心多一点，态度好一点，动作快一点，语言得体一点，层次高一些，补偿多一点。”

4. 退货难题：如何应对较高的退货率

直播带货具有利用主播的情绪渲染引发消费者行动的属性，冲动消费导致的后果就是退货率居高不下。

据《2020年中国直播电商行业研究报告》数据，直播电商平均退货率为30%～50%，高于传统电商退货率（10%～15%），是品牌官方电商销售渠道退货率的2～3倍。

以上数据并不夸张，2020年7月，拥有1000多万粉丝的小沈阳，在快手直播间带货卖白酒，一个晚上下来，仅仅成交20单，后来竟退回16单，退货率高达80%。

2021年11月6日下午，湖南卫视主持人汪涵做了一场直播带货，当天成交1323台产品，消费者退款1012台，退款率高达76.4%。

2021年“双11”期间，《证券时报》报道，淘宝退货率在20%以上、京东约10%，直播电商退货率一度高达60%。

中国电子商务协会高级专家庄帅接受《证券日报》采访时指出：“冲动购物、图片与描述不符、尺码不对、质量问题、发货发错、价差问题都是造成退货的原因。运费险的设置为消费者提供了便利，也是增加退货率的因素之一。”

高退货率不仅会导致直播带货方前期的努力白费，也会带来额外的售后成本，还会直接影响主播和品牌方的形象与口碑。因此，应对居高不下的直播电商退货率，相关各方应结合上述退货原因，有针对性地予以处理。

（1）美妆产品退货的法律规定

过去，拆封的美妆产品往往不支持退货，但是随着《最高人民法院关于审理网络消费纠纷案件适用法律若干问题的规定（一）》的推出（2022年3月15日开始实施），这一退货规定就行不通了。

为了保护消费者的利益，上述规定第三条指出："消费者因检查商品的必要对商品进行拆封查验且不影响商品完好，电子商务经营者以商品已拆封为由主张不适用消费者权益保护法第二十五条规定的无理由退货制度的，人民法院不予支持，但法律另有规定的除外。"

什么意思呢？消费者即使对购买的美妆产品进行了拆封，但如果不影响商品完好，那么消费者有权依据《消费者权益保护法》第二十五条规定的无理由退货政策进行退货。

那么，如何界定拆封后的商品是否完好呢？根据《网络购买商品七日无理由退货暂行办法》第九条规定，对超出查验和确认商品品质、功能需要而使用商品，导致商品价值贬损较大的，视为商品不完好。具体判定标准如下：食品（含保健食品）、化妆品、医疗器械、计生用品，必要的一次性密封包装被损坏。

因此，消费者购买美妆产品后，如果对产品的非必要的一次性密封包装（比如外包装盒）进行拆封，那么消费者就有权依法自收到商品之日起七日内退货；但如果消费者是对产品必要的一次性密封包装（如化妆品瓶盖）进行拆封，就会造成商品不完好，若消费者和经营者之间再无特殊约定，消费者将无法依据现行法律法规向经营者主张退货。

（2）处理产品退货的基本态度

对于直播销售方而言，虽然退货比较麻烦，但却蕴藏着新的销售机会。

据Invesp发布的退换货数据：在线订购的产品至少有30%发生了退换货；67%的购物者在购买前会查看退货页面，如果退货过程比较容易，92%的消费者会再次购买。

大部分消费者在下单购买前，都会将商家的退货措施作为其是否下单的重要决策依据，退货措施在很大程度上决定了直播间的转化率，退货措施越健全，障碍越少，越有助于提高成交率和复购率。

合理的退货措施可以为消费者提供良好的消费体验，提升消费者的满意度和复购率，而以人为本的退货措施可以从源头上直接影响直播间的首次下单概率，从而起到留存直播间粉丝、提升直播间竞争力的作用。

（3）如何降低退货率

退货问题出现在售后，但解决售后问题、降低退货率的重点却是在售前和售中。

第一，严把选品关，提供高质量的产品。

有数据显示，在消费者退货的原因中，商品质量问题排在第一，占43.3%。

有些主播追求赚快钱，选品时一味追求低价而忽略了质量，导致尽管直播间的销售数据很好，但是退货率却奇高，不仅前期所有努力付诸东流，而且会降低粉丝对主播的信任度。

为了避免发生这种情况，就要提前做好选品把关，严控产品质量，这将会省去很多后续麻烦。

第二，如实讲解产品。

主播在直播间，有时为了刺激粉丝下单，往往信口开河，采取一些非常夸张的词汇来形容产品。对产品的正常美化，无可厚非，但不可过于夸大，否则，粉丝在收到货品后就会形成巨大的心理落差，导致退货率较高。

主播要做到尽可能如实描述产品，在直播过程中需多展示产品的特性和使用效果，产品细节也要重点提及，让粉丝更清晰地了解该产品。注意不能夸大、虚假宣传，直播过程中虚构或夸大展示商品效果的行为，不仅会影响直播退货率，还会面临平台的严惩机制，严重的将永久关闭商品分享功能。

只有回归真实，建立粉丝信任，才是达成带货良性循环的最好策略。

第三，酌情取消运费险。

运费险的存在，在某种程度上推高了退货率。因为消费者退货没有任何风险，也没有任何经济成本的付出。

很多商家抱怨部分消费者在直播间购物后会选择恶意退货。因为有运费险的存在，再加上很多平台的7天无理由退货条款，消费者买回去后，过几天再选择无理由退货。有商家表示："面临这些问题，有时候没有办法，只能认倒霉。"

如果取消了运费险，退货将意味着运费支出，将会打消很多不必要的退货念头。

因此，当"买单的金钱成本+售后付出的精力<运费险带来的成交增量上的收益"时，商家们就会选择取消运费险。

但此举也是一把"双刃剑"，取消运费险，会直接影响消费者下单的积极性，影响销量。孰轻孰重，需要主播带货方做一个精准的数据评估。

5. 黑粉问题：主播成长途中的拦路虎

网络流行语“黑粉”，是指粉丝的一种类型。黑粉不是传统意义上的粉丝，而是基于利益或者某种立场对特定明星、网红、主播实施抹黑作业的群体。其中，还有一类职业黑粉，只是按照雇主的要求为偶像吸引粉丝，同时还会收集、传播对家明星的黑料。

网络时代，不仅仅明星，很多网红也受到过黑粉的骚扰和困扰。

2021年9月5日，快手网红辛巴的母亲在直播平台开直播与粉丝闲聊，没想到直播间突然出现了一大批黑粉。起初，黑粉只是在直播间带节奏，辛巴母亲没有理睬。后来，黑粉们变本加厉，频繁在直播间弹幕上刷侮辱性语言，甚至还攻击辛巴的女儿。

黑粉的言语攻击让辛巴的母亲濒临崩溃，泪洒直播间，表示自己一个老年人开播，为什么会遭到如此的辱骂和人身攻击，网络暴力让其望而生畏。

随后，辛巴在直播间同母亲连线，告诉她近期不要再开直播，因为有黑粉正在疯狂攻击自己和家人。辛巴警告直播间的黑粉们，称无论有什么矛盾都不要上升到家人，这是最基本的底线。辛巴还表示就算是给自己100亿元，也不愿意自己的家人被攻击，所以不要再说这是在炒热度了。

主播开播带货，在直播间遇到黑粉更是司空见惯。直播带货其实是一份非常考验主播心态的工作。

黑粉只有一两个还好说，一旦数量多了，很容易将主播的心态搞崩。更要命的是，黑粉往往在直播间不厌其烦地刷屏，发布一些带节奏的负面言论，质疑主播及其带货动机，质疑直播间产品的质量，指责主播用带货来收割粉丝。

要知道，直播间粉丝不少是冲动消费型的，稍有风吹草动，粉丝的购买决心可能都会动摇，而黑粉的负面言论则可能直接打消一些粉丝的购买欲望。黑粉的行为是直播间带货活动一个非常大的障碍。

黑粉不仅仅活动在直播间，一些专职黑粉还会出现在售后环节。他们进行恶意退货、恶意差评，总之会想尽一切办法来抹黑主播，制造麻烦。

在售中和售后环节，主播及团队必须妥善处理好黑粉的问题。

（1）选择无视

有黑粉，从某种程度上也能说明主播的人气高，因此，完全可以把黑粉看成自己直播路上的历练，经历过一次次被黑被吐槽之后，主播才能修炼起无比强大的内心。

对于黑粉在直播间的行为，可以选择性无视，自动屏蔽掉，小说小闹可以当成玩笑，有兴趣的话，主播还可以趁机自黑一把，活跃一下气氛。

应对黑粉的关键是放平心态，尽量不要与黑粉互怼，因为主播越是搭理他们，他们越开心。

例如，淘宝主播烈儿宝贝在直播带货时，就非常善于情绪管理，表面看她有好脾气，其实她的内心非常强大。她很少会去强烈地指责谁，也没有人见过她发脾气的样子，即使是在直播间遇到黑粉，也是如此，尤其是最初开播时，面对黑粉的攻击，烈儿宝贝总是能以自己平静温和的语调去回复那些刺耳的话语。

烈儿宝贝有着强大的情绪管理能力，因为她知道如果针对黑粉强烈地爆发情绪，对于解决问题而言，并没有半点帮助。

（2）交给场控管理

如果黑粉玩笑开得太过分，或者言论太激烈，涉及人身攻击或产品攻击，会影响主播形象，甚至严重影响直播间产品的成交，主播则需果断采取措施，交给场控或管理员去处理。对过分的黑粉进行禁言、拉黑处理，确保直播间的气氛不受太大影响，推动带货活动照常顺利进行。

（3）迅速刷屏

对于黑粉在屏幕上留下的一些负面、带坏节奏的言论，主播或直播间工作人员可以用一些问答、抽奖调动粉丝迅速刷屏，覆盖住黑粉的发言，或者借助小号、主播团队成员或忠实粉丝的回复，来加以掩盖。

刷屏对于普通主播、小主播的直播间来说非常有效，因为其直播间的人气往往较低，如果任由黑粉的负面言论长时间停留在弹幕上，会对其他粉丝产生非常不良的影响。

（4）理性反驳

对于黑粉的行为，如果实在忍无可忍，正面硬刚一下，也未尝不可。

明星黄子韬参与直播带货后，非常随性，有人在直播间质疑黄子韬带货，完全不像一个明星。对那些黑粉，黄子韬直接怼回去，表示自己带货就是为了让大家买到好东西，自己是不在乎这一点钱的，自己已经是公司的董事长了，根本不差这点钱。

只要有理有据，言辞不太过分，主播选择正面硬刚一下黑粉，也是能够理解的。但是这种方法不是所有的主播都能驾驭的，要结合具体情况来选择应对之策。

（5）如何处理恶意差评

如果直播中有黑粉在直播间刷差评，就要当场指出其可疑之处，同时提出希望竞品商家不要在直播间故意诋毁商品，倡导进行公开公正的良性竞争，而不是在直播间搞小动作。这样直播间的粉丝会快速为你站队，还会赢得一波信任和同情。

对于售后环节来自黑粉的恶意差评，如果平台有申诉渠道，可以进行申诉，要求平台删除差评，例如，抖店就有评价申诉通道（表8-3）。

表8-3 抖店评价申诉场景和申诉材料

恶性评价类型	详情	申诉材料
利用中差评骗赔	消费者以差评威胁商家，要求商家转账、发红包、返优惠券等	需提供含有订单信息完整、清晰和订单号的飞鸽聊天记录截图
同行恶意竞争	同行竞争者交易后故意给予差评	需提供含有订单信息完整、清晰和订单号的飞鸽聊天记录截图，或可证明评价者是同行的相关店铺信息
辱骂污秽或不当言论	评价内容含有黄、赌、毒、暴的违法言论或其他违反法律法规公序良俗信息的不当言论	平台可查询消费者的评价内容，无须商家举证
明显无事实依据的评价	在签收前评价商品质量类问题或消费者购买的是A商品但评价的是B商品	受理范围为评价者在签收前评价商品质量问题，或购买是A商品评价的是B商品
评价打广告	如QQ号、公众号、微博、二维码、电话号码、外部链接等广告信息	平台可查询消费者的评价内容，无须商家举证
消费者评价中泄露隐私	评价中出现商家或用户的手机号、住址、姓名等信息	平台可查询消费者的评价内容，无须商家举证
达人存在捆绑带货/虚假宣传等情形	因达人捆绑带货、虚假宣传、虚假承诺导致消费者产生差评	需提供达人虚假问题的证明及达人UID和名称

（6）黑转粉

黑粉分两种。一种是恶性黑粉，比如那种因为某种利益驱使而故意黑主播的粉丝。另一种是良性黑粉，他们并无特别的恶意，但是会提出自己的质疑，比如质疑主播的带货行为和直播间的产品质量。

对待良性黑粉，主播可以耐心予以解答，如果能说服对方，将能够实现黑转粉。在其他粉丝面前，这也是主播证明自我和证实产品质量的一个机会，同时，也能体现主播的格局与肚量。